早知道，人生不用再重來！

人生課題諮商師
姚如雯 著

Let your life no longer regret.

【推薦序】搶救人生剩餘的生命價值

微軟公司創辦人比爾．蓋茲曾說：「人的生命是一場正在燃燒的火災，一個人必須去做的，就是竭盡所能地在這場火災中搶救些什麼出來。」

在人生的旅程中，有些人可以找到他們的核心價值，爲此付出並享受豐盛的生命成果；但有些人卻在尋尋覓覓之後，迷失在各種現實的幻象中，失去人生方向，遺失曾經在生命中的美好，在心中留下一道又一道的遺憾刻痕。

但如果一直抱持著「早知道會這樣，我一定會改變自己」的想法過日子，已然失去的黑洞就會影響到我們前行的節奏，心靈也會被不滿的情緒充塡，無形中扼殺了生命的活力。

其實，生命中的遺憾並非必然，時間序的前進，應該是逐步累積的進程，而非一再失去的脫軌演出。大部分的遺憾，只是因爲潛藏的心靈動能尚未成熟，因此無法正面迎擊、解決生命的課題，就輕易地選擇對命運妥協屈服，而喪失了將考驗化作進階跳板的機會。

人生唯有一次，無法彩排重來。如果我們能夠盡早啓動隱藏在心中的各

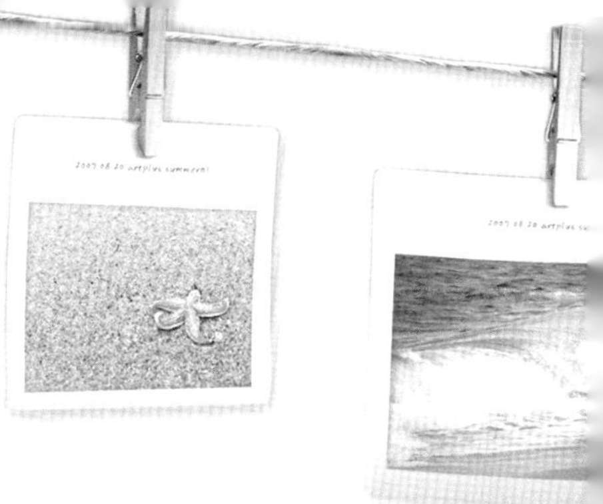

種潛動力，幫助我們應對生命中的各種困厄，生命就不會一步步走向枯萎，而會越活越有力量、越有朝氣。如果你已感到生命正逐漸乾枯老去，更要盡快重拾心靈的潛動力，由內而外地降下一場春雨，吸收水分的滋潤，讓人生甦醒、喚回生命力，找回遺失在人生中途的每一顆幸福種子。

如果我們能夠早一點發現「反省力」賦予心靈的驅動力，就可以脫離目前自怨自艾的人生，努力彌補心智的不足，提升人生的層次，與夢想的高度更接近；如果你可以趁早參透「說話力」對於人我關係的重要性，或許就不會再用尖銳的言語去傷害身邊最親近的人，能夠重新找回愛與被愛的美好，拋開寂寞與孤獨；如果你可以多一點「珍惜力」，別再將目前擁有的事物看得理所當然，用心體會每樣事物背後的付出與意義，並珍惜每一個歷練的機會，從中焠煉出全新的自己，幸福就在下一個轉角等待著你。

人生的程式或許無法更改，但心靈視窗卻是可以一再更新的，只要你願意下載每種潛藏在心靈中的能力，並加以運用、實踐，就能永遠與生命的失落告別，朝著零遺憾的完滿人生前進。

【亞洲八大名師首席、二十一世紀成功學權威】王寶玲

〔第二卷〕與改變對話，找回零遺憾人生

第一卷

與自己對話，翻轉心的視野

在浩瀚的宇宙中，只有一個獨一無二的「你」，
修補遺憾缺口的第一步，就是從「做對自己」開始。
拒絕再用通俗標準、社會評價來為自己打分數，
只有勇敢的「從心活出自己」，
才能締造無法複製的生命價值！

1 樂觀力

快樂是突破阻礙的原動力

「成功的秘訣就在於
如何控制痛苦和快樂的力量。
如果能做到這點，
就能掌握自己的人生，
反之，你的人生就無法掌握。」

～安東尼，羅賓斯

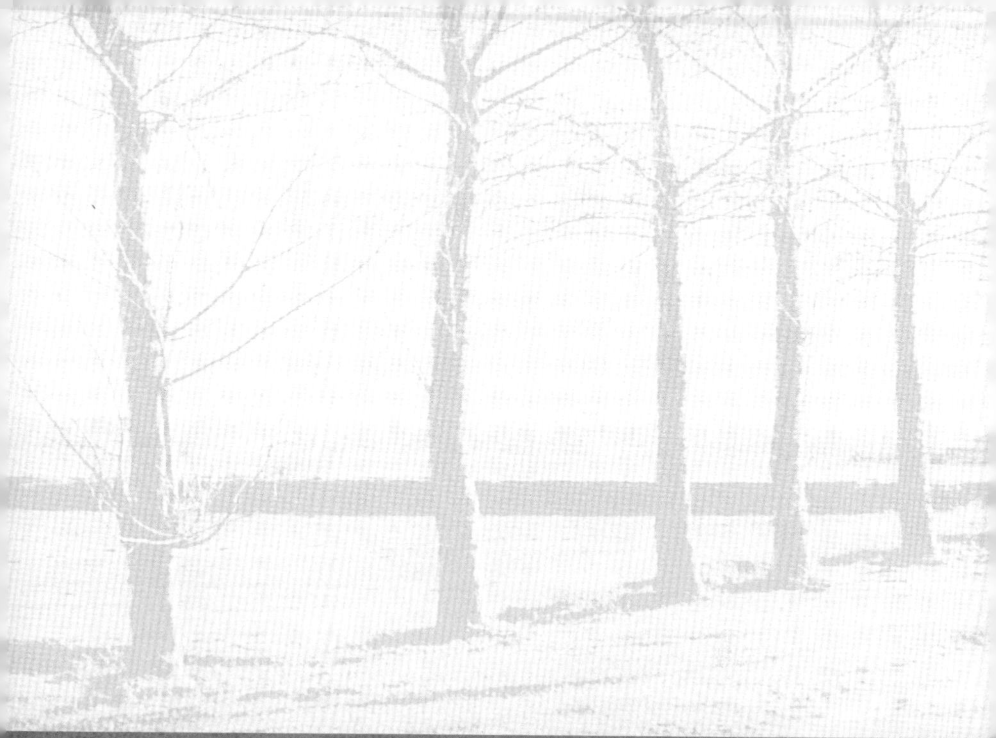

Let your life no longer regret

樂觀鎖定，清除負面情緒

從大火中重生的貝爾實驗室

發明家貝爾（Alexander Graham Bell）曾費盡半輩子的財力，建立了一個龐大的實驗室。但不幸的是，某日一場突如其來的大火將實驗室化為灰燼，造成了嚴重的損失，貝爾一生的研究心血幾乎都付之一炬。

當貝爾的兒子在火場附近焦急地找到父親時，他看到已經六十七歲的父親居然一個人靜靜地坐在一個小斜坡上，看著熊熊大火燒盡一切。

貝爾見兒子前來找他，突然扯開喉嚨大叫：「快把媽媽找來，讓她也看看這場難得一見的大火！」

大家都認為大火對貝爾造成了過度嚴重的打擊，導致精神有些失常了。

但是貝爾卻說：「大火燒盡了所有的錯誤。感謝上帝！我又可以重新開始了！」

沒多久，貝爾的新實驗室就又重建了。時至今日，這個實驗室已經成為無數頂尖科學家的創意搖籃。

人生在世，難免都會遭遇許多不順遂的事情，這些變故也許就在人們不經意間闖入生活，雖然它們備受厭惡，但是仍有些人可以笑著迎接它們，在變故面前保持著樂觀的心態。面對這些生活上的突發情況，你是否也能夠做到泰然處之，樂觀以對呢？

樂觀的生活態度便是人生的陽光。如果你能夠樂觀地面對生活中的變故，那麼無論遇到多麼棘手的情況，最終一定能用這股正面的力量轉危為安、逢凶化吉。但是如果你發覺自己的生活總是被陰霾籠罩，那說明你還沒有學會真正的樂觀，是你的負面情緒阻擋了快樂的到來。

不幸的故事同樣在演繹，但是在不同人的手中，卻會呈現出截然不同的結果。

有些人能在不幸的陰霾背後看到陽光，用堅定、樂觀的目光追逐幸福的方向；有些人卻因為不堪打擊而捶胸頓足、痛不欲生、以淚洗面，並一蹶不振、日漸萎靡，成為不幸的奴僕，在苦難中自甘墮落。悲觀思想引發的負面情緒，讓他們深陷對人生的困惑中無法自拔。

沒有什麼苦難比樂觀的力量更強大，沒有什麼不幸比快樂的情緒更有召喚力。樂觀不僅是一種生活態度，也是一種涵養，更是一種對人生的領悟和透視，一種主導人生航向的座標，一種生活的智慧。用樂觀的心態與命運抗衡，那麼一切都會被我們畫上積極的色彩，使我們成為快樂的舵手，引導人生駛向幸福的彼岸。

掌握住樂觀的心態，我們也就掌握住人生的快樂航向，即便人生再多風浪，也會因有正面的能量護航而越顯美好。那麼在現實生活中，我們應該如何培養自己的樂觀力量，使自己免於負面情緒的影響呢？

把目光鎖定在積極的層面上

在生活中，有些人之所以會表現出負面情緒，是因為他們將過多的注意力放在那些令他們不愉快的事情上。

當你受到不公平待遇時，你是否過於關注一時的得失？當你遭遇苦難或不幸時，你是否將心思都鎖定在那些令你痛苦的感覺上？如果你總是關注事物消極的一面，那麼你也會被排山倒海的負面情緒所包圍，快樂自然被阻擋在外。

任何事情都有正負兩面，當你將目光放在那些正面因素上時，你便已經開始找到快樂的力量了。因此，在遭遇不如意時，你應該努力尋找其中的正面因素，並持續投注正面的信念，建立積極快樂的情緒，以此擊退那些負面情緒，逐漸摒棄它們對你的影響。

在知足中尋找幸福

整日眉頭緊鎖的人，常常因為無法獲得滿意的現狀，所以總是被負面情緒所困擾。欲望所帶來的壓力，讓他們把目光放在那些自己無法得到的東西上，並為此鬱鬱寡歡。是無窮的欲望，讓他們喪失了快樂。

懂得知足，才不會被欲望左右，才能看見自己擁有的幸福。樂觀的人不會因為人生的失去而悲傷痛苦，知足的心態，常常令他們為自己現有的一切而歡呼、快樂。試著將自己置身於人生現下的美滿當中，你便會被快樂所包圍。

不做完美的苛求者

在生活中，比較樂觀的人往往都是不計較、不挑剔的一方，因為他們不會將注意力放在無關輕重的人生缺陷和錯誤上，所以總是生活得很快樂。

凡事不要過於挑剔，完美總是可望而不可求的，世界上沒有真正完美的東西，你應該努力使自己的人生更美好，放棄無謂的挑剔、指責和抱怨，你便會變得快樂而積極，成為自己人生真正的主人。

成為痛苦的旁觀者

人生莫測，是苦是樂都需要勇敢面對，但並非盲目承受，除了積極行動扭轉現狀之外，有時也需要自我療傷。

與其持續沉浸於不愉快的情緒中，不如將一些美好的事物帶入生活中，先轉移自己的情緒，讓身心放鬆一下，很多複雜的事物也會隨之明朗化，解決的方法也會油然而生。

例如：聽一些優美的音樂、看幾場有趣的電影、和好朋友一同旅遊、寫寫日記、聽聽相聲、笑話，或是到健身房運動，透過外界事物的力量，轉移掉苦悶的情緒。

接受現實生活中的坑洞

對於人生中的困境，我們往往會倔強回擊，希望擊退它們對自我的干擾，但是有時現實卻並不會因此做出絲毫讓步。此時唯有面對現實，才能脫離不安情緒，唯有改變心境，才能看到另一片晴朗的藍天。

用樂觀的力量面對生活，帶著快樂的心境欣然接受一切，對現實做一些小小的讓步，放棄那些所謂的「理想負擔」，那麼即便它再艱苦，我們也不會為此而沮喪至極。一時的屈就並不等於懦弱，更不是悲觀的表現，而是一種以退為進的智慧。

學習正確釋放負面情緒的方法，才不會因一時的錯誤停滯在情緒的失事地點，造成更多的遺憾。當我們突破了自己內心的關卡，就可以明白一時的挫折只是生命給予心智的歷練，當我們能夠用正面的方式解決問題，就能夠充滿智慧地朝人生的下一個階段前進，並以樂觀的力量迎擊接下來的每一場人生角力。

潛動力金鑰

開朗的性格不僅可以使自己經常保持心情的愉快，而且可以感染到周圍的人，使他們也覺得人生充滿了和諧與光明。

——法國作家：羅曼・羅蘭（Romain Rolland）

活在當下，而不是過去和未來

實現人生最後的計畫

在擔任安侯建業會計師事務所（KPMG）的總裁和董事長時，時年五十三歲的尤金．歐凱利（Eugene O'Kelly）正處於人生和事業的巔峰時期。

他事業蒸蒸日上，家庭幸福美滿，生活上的一切都讓他感到生活的美好。而且他還為自己訂製了一個又一個美好的生活計畫：

◆參加女兒的開學儀式

◆陪家人一同外出旅遊

◆為自己職業生涯的再一次突破作出努力

但是就在一切盡如己意之時，上天卻開了他一個大玩笑。

二〇〇五年五月，尤金．歐凱利被確診為腦癌晚期，醫生告訴他只剩三到六個月的生命了。

面對這突如其來的結果，尤金・歐凱利並沒有因此沮喪不安，他立即修改了原有的人生計畫，利用生命的最後時光，分秒必爭地寫下自己對人生的感悟，終於完成了這本人生最後的計劃——《追逐日光》。

在書中，他寫道：「我真的很幸運，醫生說我還可以再活三個月。在我走向人生盡頭時，我的神智依然清楚、身體狀況也不賴、最愛的人也都在我身邊。但我更希望所有的人能常常把心靜下來，讓心靈去感受陽光，讓陽光掃去每個人心中的陰霾與恐懼，從此，活在陽光的溫暖下。」

尤金・歐凱利用自己最後的人生經歷，書寫了一曲震撼人心的生命之歌，向他所深愛的世界告別。

相對於宇宙間的萬物，人類的生命轉瞬即逝。但許多人卻活在對往日的追想與緬懷之中，反而不願意面對此刻的現實，最後只能墜入悔不當初的惡性循環之中。

過去已留在我們的回憶中，未來的發展則取決於現在。如果我們能夠學會活在當下，就可以拋去自我對過去的糾纏，更能放眼現在、未來，了解現下我們所踏出的每一步都是一個重生的機會。

但是現實生活中，真正活在當下的人卻並不多，有些人為了過往的錯失而遺憾，因為不願提及的塵封記憶而耿耿於懷，有些人則為了前路的迷茫而恐懼，為了未來的自己而擔憂、不安，如同過橋時的瞻前顧後。唯有將生命的注意力放在當下，不為過去以及未來而耗費心力的人，才能真正創造出與眾不同的人生。

將心思放在正在進行的人生道路上，不為前路的坎坷而擔憂，不為過往雲煙的起落而緬懷，才能生活得無憂無慮，才是對生命的高度敬仰。

如果我們不懂得好好地體會現下生命中的每一分感動，很快地，眼前的快樂與幸福將會離我們遠去。唯有用樂觀的力量去迎接未來的每一刻，我們的人生才會更寬廣美麗。

那麼，在現實生活中，我們應該如何避免沉浸過往，痛快地活在當下呢？

別在過往的傷口上灑鹽

也許過去是如此的刻骨銘心，也許我們剛經歷了人生中最慘痛的昨天，但只要我們踏入了「今天」，所有的愉快、不愉快都已經被打包到過去的資料夾中，不要再逼自己打開心靈視窗一再檢視。

如果你還在為過去的種種而沮喪、難過，甚至難以自拔，那麼就是在不停地刺激自己的負面情緒，讓它不斷從受傷的回憶中湧出，讓傷口一再擴大，讓現在的快樂與幸福與自己擦身而過。

有智慧的人絕對不會為過去而更改現有的生活軌跡，每遭遇一次不愉快，他們都能迅速矯正自己的人生方向，把過去的不快樂塵封起來，用樂觀的心態迎接下一刻的到來。所以不論你過去經歷過什麼，你都應該試著忘記，把生命的力量留給現在。

揮別人生中擱淺的遺憾

因為追悔往昔，有些人始終都生活在遺憾中，遺憾當初沒有聽從師長的教導，後悔自己沒有在學習上竭盡全力，為曾經誤解了好朋友而多年耿耿於懷。

但是世界上沒有可以重新來過的靈藥，再多的遺憾也無法彌補過往。追悔遺憾，不如專注眼前的生活，努力調整自己、修正自我，讓自己離理想更近。

時光不會倒轉，過去的事將成往事，我們沒有必要再去追憶、更不必為某些過往遺憾、難過，把一切安然地留在過去，讓自己輕裝上陣，過好每一個今天。

珍惜陪在你身邊的人

有些人只有失去了才懂得珍惜。很多人往往在時過境遷後才有此感慨，與其悔不當初，為何不從現在開始好好珍惜身邊的人呢？令人驚訝的是，即使我們追悔過去，但有些人卻仍拿著昨日的傷口繼續傷害身邊的人。

運用樂觀的力量面對每一種關係，好好地擁抱身邊的幸福，感謝對方每一分的陪伴與付出，讓我們與現在、甚至未來相遇的每一個人，都能帶給彼此最大的快樂與幸福。

用心經營你的幸福銀行

無論我們處於人生中的何種階段，都擁有一份可供支配的財富。這份財富可能是溫暖的家人、甜蜜的戀情、能持續成長的工作等。看似平凡的東西其實最不平凡，我們現在擁有的一切，可能是別人心中永遠的缺憾。

別再把一切當作理所當然，用心經營現有的人生財富，把從中得到的養分存進自己的幸福銀行中，你會發覺自己其實比想像中還要富有。

展望未來，但不為未來擔憂

很多人都對未來的生活充滿憧憬，於是人們規畫未來，希望一切都能如自己所願，但也因此為前方的阻礙憂心忡忡。然而，越是為未來擔憂，越是無法集中精力做好眼前的事，人生方向自然離理想中的生活愈來愈遠。

未來的確是需要憧憬或展望的，但是更需要付出實際行動去兌現，只有全力以赴做好眼前的事，才能真正接近憧憬中的未來。所以你可以計畫未來，但是絕對不應該為未來擔憂，做好現在，才能有好的未來。在現有的環境限制下，去尋求個人發展的最大可能，才能夠為未來奠定好紮實的台階，一步步走向更美好的明天。

潛動力金鑰

沒有人生活在過去，也沒有人生活在未來，現在是生命確實存在的唯一時態。

——西方哲學家：叔本華（Arther Schopenhauer）

用愉快的心情消磨難熬的時光

從牢中的鐵窗看見星辰

塞爾瑪是一名軍人的妻子，因為丈夫奉命到沙漠之中的陸軍基地進行長時間的演習，所以她陪同丈夫一同前往。

白天，塞爾瑪就獨自一人留在臨時搭蓋的小鐵屋裡。在這個最高溫可達到攝氏五十度的炎熱之地，塞爾瑪找不到一個可以說話的人，因為她的身邊只有墨西哥人和印第安人，而他們不會說英語。於是塞爾瑪每天只能盼著丈夫早點回來，白天的日子總是讓她感到度日如年，而與丈夫相聚的時間卻又如此短暫。

這種日覆一日的生活，讓她的心情沮喪到了極點。後來，她再也忍受不住時間的煎熬，寫信給她的父母，強烈表明了自己內心的孤寂和現實的困境，她願意放下這裡的一切，只要能夠回家。

不久，她接到了父親的回信，信上只寫了兩句話：「兩個人從牢中的鐵窗望出去，一個看到了荒野，另一個卻看到了星星。」

塞爾瑪拿著這封信想了許久，決定在這片荒漠中找到希望，於是她走出小鐵屋，試著和當地人交朋友。

結果當地人的反應令她受寵若驚，他們並沒有像她想得那樣冷漠，相反地還十分熱情。當她表示對陶罐和紡織品感興趣時，他們便大方地將賣給客人的陶器和紡織品送給她，並與她一同分享食物和快樂。

當地的居民還帶著塞爾瑪看日落、尋找海螺殼，處境的改變讓塞爾瑪對當地充滿了好感，她每天都覺得時間過得飛快，一切在她眼裡都變得生機勃勃。

後來，塞爾瑪的丈夫演習結束，準備離開這片沙漠，她竟然發覺自己對這裡已經產生了感情，甚至不想離開了。

回國之後，塞爾瑪將沙漠中的經歷寫作成書，並把版稅收入全數捐助給當地居民，以感謝他們在她黑暗時刻，引領她看見閃耀的生命之光。

身處快樂之中，人們總會感覺時間過得飛快，但是若處在痛苦的情緒中，我們就如同被時間拋棄，走上了時光倒流的迴轉梯。

因為快樂的時光讓人們充滿熱忱，而忽略了時光，痛苦則讓人們失去熱忱，而用心靈禁錮了時光。

用熱忱替人生重新著色

美國知名的作家杜利奧曾說過：「沒有什麼比失去熱忱更使人覺得垂垂老矣。」當一個人失去對生活的熱情，那麼他眼中的世界也就失去了生機，一切變得停滯不前。可見，情緒掌控著人類對世界的感受，支配著人們的日常活動和思考方式，甚至牽動一生的命運。

唯有正面的情緒，才能引領人們重新感受生命脈搏的跳動，並獲得無限的生命活力和熱情。

塞爾瑪父親的一句話，不僅改變了她的沙漠之行，也完全改變了她後來的人生，而領悟到樂觀的真諦。從鐵窗中看見星辰，正是一種樂觀心態的寫照。從樂觀的角度去看待痛苦，就能看見躲藏痛苦背後的快樂，原本灰暗的世界，也會重新煥發光彩。

如果賽爾瑪一直執著於身處異地的困境，不僅放棄了體會他種文化樣貌的機會，還可能會失去深愛的丈夫與婚姻，而讓人生多添一筆憾事。

在生活中，每一個人都在感嘆快樂時光轉瞬即逝，令人留戀萬分，也深知痛苦所帶來的負面感受，但是很多人卻仍深陷痛苦而無法自拔，把自己放在度日如年的時光裡，並祈求快樂的事情快點到來，拯救痛苦中的自己。

快樂是不會主動出現的，它只能透過我們的內心去製造，去追尋，而樂觀的動力，便是快樂產生的源泉。其實只要我們透過一些簡單的方法，便能讓快樂湧現，讓痛苦的感覺消失於無形之中。

積極思考的正面效應

凡事皆具兩面性，悲觀的人即使在好事中也能找到擔心的理由，而樂觀的人卻總是能從困境中找到積極的一面。

從積極的角度去看待那些令你感覺不好的事物，發掘其中的正面因素，讓自己從黑暗中看到曙光。

當你懂得如何找到事物背後的光明面，漸漸地，恐懼、負面的情緒也會離你遠去，正面的信念在你心中不斷被強化，幸運也會開始向你招手。

讓快樂的感覺取代難受的情緒

除了改變自己對於事物的看法，我們還可以利用引導跟轉移的方式，讓自己快點從難受的情緒中脫離。去聽一場久違的交響樂、看一本感動人心的小說，到好幾年沒去的海攤，在咖啡餐車旁吹著海風喝咖啡，把所有不快的情緒都讓洶湧的風浪捲去。

當痛苦被情境轉化而漸漸縮小時，我們就要放大自己的意志，告訴自己：「其實也還好嘛！」透過心念的轉換，就能把負面的情緒從心中剝去，剩下的又是一個充滿活力的自己。

專注於簡單的勞力活動

當我們沉浸在痛苦的世界時，自然就會陷入自怨自艾的聲浪中。一下怪別人、一下怪命運，其實始作庸者還不是自己。這時，與其多花精力在沒營養的抱怨中，還不如去做些體力勞動的事。

把封塵的櫃子仔細地擦乾抹淨，把使用已久的棉被套、枕頭套認真地洗乾淨，把自己和衣物一同曝曬在陽光下，情緒就不會繼續發霉。

專注於勞動時，我們就可以脫離情緒的牛角尖，出來流流汗、透透氣，當所處的環境更加舒服、美好時，我們的心也會變得更清晰乾淨。

善加利用以上幾種方法，脫離情緒的控制，避開遺憾的黑洞找回讓自己快樂的原動力，抱持著樂觀的信念，往人生的下一個階段持續前進。

潛動力金鑰

成功的秘訣就在於懂得如何控制痛苦與快樂的力量。如果能做到這點，就能掌握自己的人生，反之，你的人生就無法掌握。

——**美國潛能開發大師：安東尼・羅賓斯（Anthony Robins）**

忍耐成功前短暫的沉寂

周杰倫的《葉惠美》專輯

亞洲小天王周杰倫的才華洋溢眾所皆知，卻很少人知道，他的成就來自於始終在背後默默支持他興趣的母親。

周杰倫從小就展現出對音樂的執著與才華。剛好他的媽媽葉惠美是淡江小學的音樂老師，眼見孩子的才華洋溢，於是她拿出多年的積蓄，為周杰倫買名貴的鋼琴、請最好的老師，就是希望能夠讓他充分發揮天賦。

但是這樣「孤住一擲」的舉動，卻招致丈夫的不滿。最後在周杰倫國中二年級時，父母走上了離異之路，但葉惠美始終沒有放棄最愛的孩子。

當周杰倫開始創作之時，卻難以獲得發表的機會。葉惠美為了孩子的前途，想方設法地把他的創作交到當時唱片公司的老闆吳宗憲手上，看到周杰倫獨特的編曲方式，吳宗憲一方面想給新人努力的機會，也覺得他是塊可造之材，於是就對葉惠美說：「這孩子還可以，明天叫他到我公司上班！」

為了持續創作，周杰倫住在錄音室裡，每天早上八點前，吳宗憲的桌上總可以看到他最新的創作，但這些歌曲卻被許多天王、天后級的藝人拒絕了。

最後，吳宗憲只好對周杰倫說：「阿倫，我給你十天時間創作五十首歌，如果可以從中挑出十首，我就幫你出一張個人專輯。」

這就是周杰倫的第一張同名專輯，新穎的編曲方式不僅引起樂壇的注目，更一舉奪得「最佳流行音樂演唱專輯」、「最佳製作人」、「最佳作曲人」三項大獎。從此以後，所有人都在引領期盼周杰倫的每一張原創專輯。

周杰倫為了感念一路陪他走過奮鬥過程的母親，在二〇〇三年，製作了《葉惠美》專輯，向母親致上最深的愛與感謝，並在影歌兩棲的領域中持續發光發熱。

你可曾讀過《哈利波特》中那隻佛克使鳳凰重生的段落呢？

在鳳凰將死之際，會不斷地掉毛，當她褪去美麗的羽毛後，就只剩一隻乾癟的老鳥，但在她臨死的那一刻，只要將她放在火堆中，待軀體燃燒殆盡後，又會新生出一隻燦爛無比的美麗鳳凰。

鳳凰重生的過程，就像是成功之前，極度地晦暗寂寞、乏人問津的過程，但若能盡己所能地燃燒自己的生命，終有一天能夠讓別人看見你的才能之光。

承受成功的偉大與孤寂

統馭鴻海集團的總裁郭台銘曾說過：「四千年的神木，當它種下去的時候，其實就已經決定它日後的命運了。因為它生長在空曠的地方，不是西門町。它要耐得住風寒和寂寞，才能成為一棵參天大樹。」

一棵神木必須經過四千年風雨的歷練，才能換來後人的景仰與尊崇。在到達目標之前，我們也必須忍受不斷挫敗的過程，才能從中焠煉出最堅實的自己，創造出耀眼的成果，於未來立足於不敗之地。

朝著夢想的方向持續努力雖然已屬不易，但越接近成功之時，往往是最艱難的時刻。

但若是我們能夠秉持著正面的信念，積極地跨越險阻，就能順利進入夢想的領域。

如果因為一時的孤寂而放棄，那麼所有的努力都將失事在遺憾的缺口中，立定的目標也都顯得不堪一擊。

在努力的當下，我們唯有不斷給予自我肯定，才能逐步向前，而非一味地期待外界的掌聲與關注。如果我們擁有邁向頂峰的決心，就要同時具備獨行攻頂的勇氣，待成功之時，才能超越當代、獨享成績！

當我們為成功舉杯慶賀的那一刻起，別忘了手中的紅酒，也是粹取自一顆顆結實纍纍的葡萄果漿，再經過百年的沉澱與揮發，才得以釀造成一瓶名貴的紅酒。

最強韌的生命力才能結出最甜美的果實

法國波爾多生產舉世聞名的香醇葡萄酒，酒農從種子播下前幾年就先把花芽剪掉，它的根就會一直成長，養成旺盛的生命力，強韌的根莖可以穿透地心到十二公尺，直到第五年後才採收，就會結出又香又甜的果實。

酒農曾說：「頂級葡萄酒的葡萄藤，生長的地方都是最貧瘠的土地。因為葡萄藤長在貧瘠的沙土裡，為了尋找水源，它的根就會一直延伸成長，生命力就會很旺盛。因為陽光不是很充足，所以它會儘量把枝椏伸直，葉子展開，好讓每片葉子接受陽光。」

植物的生命力往往最讓人感到敬畏，也最能夠鼓舞人心。這種孤軍奮戰的孤獨感，有時比磨難和險阻更加令人難以承受。但如果無法承受這種等待成長的寂寞，即便擁有再多勇氣和能力，也不一定能抵達目標。

沒有人是可以一夕之間就達到自己的人生目標的，即便如此，一夕的付出，可能也只能換得短暫的成果。所以真正能夠完滿走向人生目標的人，都是在經歷漫長的寂寞之路後，才在時間的出口看見勝利的曙光。

通過時間給你的心智考驗

十年磨一劍，寶劍只有經過枯燥、難挨的敲打才能變得更加鋒利和光亮，一個人也必須在經歷過無數次身體、心智的磨練後，才能展現出與眾不同的能力。

一路的孤軍奮戰，正是對人們心智上的巨大考驗。我們只有用樂觀力去面對這些寂寞的時刻，潛心於前行之路，努力實踐，才能真正突破人生的僵局。

當你在前行的道路上努力時，一定要把注意力放在遠方的燈塔，即使周圍只有微光點點，甚至漆黑一片，也不要為此深感寂寞和失落，因為你正走在通往圓滿人生的道路上，只有發自內心的微笑才能為你點亮前方的路。

別忘了，一時的「落寞」是為了換來更長遠的夢想，有夢的人生才能走得更有希望、更堅毅，所以即使現在再苦也要笑一笑，用微笑趕走心中的苦悶與負面情緒的陰影，解開磨難賦予我們的人生課題，往無憾的人生更接近。

潛動力金鑰

要看日出必須要從黑夜守到破曉。

——蘇格蘭詩人：司各特（Walter Scott）

用心體會寶貴的人生旅程

麥可・傑克森的音樂冒險之旅

世界流行音樂天王麥可・傑克森（Michael Joseph Jackson）被譽為樂壇史上最具影響力的音樂家，他不朽的成就被世人評價為：「一直被模仿，從未被超越」。

二○○九年，他的驟然病逝震驚國際，全球各地的歌迷如親人般為他默哀送行，他用一生的時間努力耕耘，最終獲得了整個世界的敬仰。

麥可・傑克森曾因為引人關注的膚色和特立獨行的作風，讓事業正處於黃金時期的他一度陷入困境，謠言四起的「變童案」、毫無預兆的官司、巨大的社會輿論，使人們對他的認知逐漸被報導所扭曲，但他回應媒體時卻只是不斷地重複一句話：「他們在說謊。」

不過，謠言就像黃蜂一樣，越是爭辯越是難以逃脫，面對巨大的社會輿論，再真實的語言也顯得蒼白無力。對於那些「假醜聞」給自己造成的傷害和影響，麥可．傑克森一直選擇沉默，因為他始終以最純潔的心靈來創作，表達自己對生命的尊重與熱愛，並持續以無償的付出幫助需要的人，時至今日，他依舊是金氏世界紀錄「全球捐助慈善事業金額最高的藝人」。

除了捐助善款之外，他還斥資購置了一座豪宅，命名為「夢幻莊園」，並免費向全世界的孩子們開放。

他經常將身患重病的兒童接到夢幻莊園，陪他們一起遊戲，並幫助無數的孩童，讓他們重返健康。

對於媒體空穴來風的傳聞和謠言栽贓給他「邪惡結果」，麥可．傑克森始終保持著淡然和樂觀的心態，他在音樂與救贖的過程中，享受著屬於自己生命的價值和意義，正是他在音樂上的偉大成就和對慈善事業的不遺餘力，讓他的生命開出了一朵最閃耀的璀璨之花。

在追求成功的過程中，很多人都希望自己的一切努力不會白費，最終能得到一個令自己滿意的結果。期待成果，是人類的一種原始情結。在一路的艱辛過後，終於到達成功的頂端，大家會歡呼雀躍，奔相走告；一旦努力之後，卻遭遇失敗的低谷，大家就會感到上天無路，入地無門。

絕大多數人的眼中，過程只是一個到達結果的必經之路，唯有能夠開啟「成功之門」的結果才是最重要的。

於是人們往往被一時的表相左右了情緒，並放棄持續前進的力量，彷彿一步的失足將導致終生無法走路，而親手斷送未來的大好前程，徒留人生旅程中的一道遺憾。

唯有經驗能夠一生相隨

其實，過程遠遠比結果更豐厚，更重要。

在時間的進程中，舊的結果總會被新的結果所取代，一個光環總會在另一個更大的光環下失去光彩，而努力的過程所賦予我們的堅韌及勇氣，卻能一生相隨，並在我們身上不斷深化、昇華，幫助我們獲得人生一次又一次的突破，這才是能夠享用一生的財富。

沒有人能在生命之路的路途中拾到最終的結果，真正的結果需要傾盡一生才能獲得。

生命的價值並非用「結果論」就能夠衡量的，就算走到人生的最後，我們擁有令世人稱羨的財富與事業，但內心始終感受不到真正的幸福與快樂，數十年受苦的靈魂換得稍縱即逝的虛名與假利，那麼不過是一場庸庸碌碌的人生。

所以，別太過度觀注眼前的成績，因為那無法取代內心的平靜幸福。相反地，當我們能夠體悟到每一個努力過程之於人生的價值，真正能心領神會生命的意義，就會了解成功的真諦，並不在於外界的評價，而在於自己的心。

別再為了路旁的果實而懊悔不已、舉棋不定，生命本來就是一個享受過程的旅行，只有專注地享受其中的過程，一路向前，不為路途上的成功和失敗而放棄對生命的熱情，最終才能走向一個圓滿的人生。

努力實踐自我的人生

就像是生前就擁有豐厚成果，卻一生飽受盛名之累的麥可・傑克森就不斷靠著自我實踐去戰勝群眾的輿論。

二〇〇三年，當關於自己的負面消息如雪花般鋪天蓋地時，他曾說：「我一點都不在意。在我看來，批評者都很無知，因為報導並非基於事實，都是來自許多荒誕杜撰的故事。你知道，這個世界充滿了太多你見不到的人，就像每個社區都有一些你不常見到的鄰居，於是人們就開始編造關於他的閒言閒語，傳言總是說他幹了這個，做了那個，其實，卻沒有一個人真正親眼看過。」

二〇〇五年，在因「變童案」出席法庭之前，麥可．傑克森跳上門口的汽車，大聲地歌唱，用獨有的舞步和聲音歌唱著最真實的自己，就是在告訴所有關心他的人，他會用音樂的力量去戰勝這些不實的指控。

除了音樂上的評價，他從不在意外界對他的惡意攻擊，對於外界的態度，他曾說：「當一個人離世後，一切的謠言和誹謗不攻自破，一切的屈辱惡果都隨之銷聲匿跡。」

最終，麥可．傑克森以純真的本性和卓越的音樂才能獲贈全世界的敬仰，這才是屬於他的生命之果，至於一時的誤解與有色眼光，最終會被真正的實力征服。

麥可．傑克森的一生不僅是一段音樂的探險與創作之旅，也是有關慈善與救助的愛心之旅，更是一本教我們如何看待人生過程與成果的真實讀本。

他傾盡一生的名利就是要告訴大家：有時候，我們不要將自己的眼光侷限於一時的成敗得失，減低心中這些嚇阻你繼續努力的音量，並偏離這些音量的主旋律，去聽聽負面評價給你的人生啟發，這才是這些「不愉快的事件」之於人生的真正目的。

因為，如果一直生活在快樂天堂或磨難地獄的人，都無法擁有完整的生命體驗，或喜或悲的感受，都來自我們的內心。惟有從一時的苦與樂提煉出經驗的菁華，讓這些寶藏陪我們勇度更多顯祖與風浪，只要用美好的心態去享受人生的過程，做好自己，全力以赴，無愧於心，無憾於人生，生命終將結出最美麗、最碩大飽滿的果實。

潛動力金鑰

對於那些內心充溢快樂的人們而言，所有的過程都是美妙的。

——美國作家：羅莎琳・德卡斯奥（Rosalind Dekasiao）

2 反省力

用心照亮最真實的自己

「失敗者的弱點就在於放棄，
成功的必然之路就是不斷地重來一次。」

～愛迪生

Let your life no longer regret

反省，趁早改進性格中的盲點

反躬自省的徐悲鴻

中國現代繪畫大師徐悲鴻，在有生之年創作了大量又精細的繪畫作品，不僅在中國藝術史上扮演承先啓後的作用，他卓越的藝術成就，也來自他反省的能力。

一次，徐悲鴻正在畫展上發表自己的作品，一個老農上前告訴他：「你這幅畫中的鴨子畫錯了，你畫的這是麻鴨，雌麻鴨尾巴沒有這麼長。」

原來，徐悲鴻的作品《寫東坡春江水暖詩意》中，麻鴨的尾巴都是又長又捲曲的。

徐悲鴻聽後便主動向老人請教，老人告訴他：「雄麻鴨羽毛鮮豔，有的尾巴捲曲；雌麻鴨毛為麻褐色，尾巴是很短的。」聽了老人的話，徐悲鴻虛心地接受了，並且向老人表示了深深的謝意。

懂得反省就是懂得進步，其實徐悲鴻自我檢討能力，在早年留學法國時就有所表現，當時他剛剛來到法國，一個外國同學瞧不起中國，就不斷地侮辱與恥笑他。

徐悲鴻義正詞嚴地說道：「既然你瞧不起我的國家，那麼從現在開始，我代表我的國家，你代表你的國家，我們等到畢業的時候再以彼此在藝術上的成就定勝負。」

於是，徐悲鴻發奮學畫，苦心鑽研，以深厚的作品一舉震驚了法國藝術界，讓中華文化揚眉吐氣。

懂得反省者往往會從錯誤中分析是非因果，找出癥結，得出結論，並將其應用到自己的為人處世當中，為人生提前打預防針，避免問題重演。

如遇到勝於自己之人，或是受到他人的提點，善於反省者會以他人之長補自己之短，以別人之忠言反省自己之不足，這又是另外一種形式的自省。

不落實的自省是二次錯誤

反省是發現錯誤、尋求進步的方法，但是若想讓它生效，最終還是要付諸實踐，如果只懂得反省，只懂得發現錯誤和問題，卻也不加以改正，那麼就失去了檢討應有的意義。

自省是對自我錯誤的警告，也是對自我不足的反省，反省的目的就在於完善自我，尋求進步，所以只要了解反省的意義在於幫助自己，無論面對什麼人、何種情況，我們都能憑藉檢討自我獲得進步。

看到不賢之人，不應幸災樂禍，笑其無知，而是要透過別人的錯誤反省自己，避免再犯相同的錯誤；遇到賢能之人，不應該嫉妒，而是要透過別人反省自己身上的不足。如能以善於自省的姿態做人處事，我們就能時刻進步而不會等到人生的終點，才發現自己個性的缺漏早已造成一生的遺憾，卻再也難以彌補。

反省是自律的源頭

不懂得自省的人，就更不懂得規範和約束自我。明朝第一奸臣嚴嵩就因不懂檢討而放任了自我，最終賠上了一生的清譽與累積。

嚴嵩因為一心想掌握大權，他先是陷害了忠臣夏言，當上內閣首輔，又掌握權財，殺害數名正直大臣，掌權長達二十年之久，據他家遭查抄的帳本記載：在其北京、江西的住所查抄到的財產各項總計約合三億至四億元，可以說是一手遮天、為所欲為、斂財無數、毫無節制。

這樣不懂自省、自律之人最終得了惡報，不僅全家遭查抄，兒子也被判斬首，他自己雖然撿了一條命，但是削官還鄉兩年後便貧病交加而死。死後也是惡名留千古，被世人唾棄。

可見，一個人不懂得自省的人，便會因此摧毀自己的人格，從而失去人生的尊嚴。唯有在自省與自律的過程中逐漸提升自己，完善自己，才能在成功的進程上，走完毫無缺憾的一生。

潛動力金鑰

在獲得成功之後，還能克制自己的人，是獲得了雙重的寶藏。

——英國哲學家：培根（Francis Bacon）

今天只要比昨天多進步一點點

嚴凱泰的自有品牌之路

一九八九年，裕隆集團為了實施「廠辦合一」的目標，將台北信義區的總公司遷到苗栗三義，當時裁撤了六百人，付出高達七億的離職和退休金，當時的裕隆執行長嚴凱泰背負著沉重家業，步步維艱，眾人皆不看好這位「太子爺」。

但他並不引以為意，反而在一九九五年成功研發百萬名車Cerfiro，這出奇制勝的一步棋，不僅讓裕隆集團在一九九六年馬上轉虧為盈，更在一九九七年獲利高達五十五億，讓嚴凱泰在尾牙時不禁激動落淚。

就在金融海嘯過後，全球正處於汽車業冰河期的今年，裕隆集團卻推出「預先設想，超越期待的加乘感動」的自主品牌——納智捷（LUXGEN），更積極地為了首發的銷售量，直接上到行銷的第一火線，接受許多談話性節目的專訪，讓大家更了解產品革新的背後，裕隆集團投入的無限心血與努力。

為了生產台灣首部智慧型的電動車，嚴凱泰抱著破釜沉舟的決心，與英國、法國、日本、瑞典、比利時技術合作，更在大陸杭州興建廠房，歷時六年，砸下一百億元的金額全力研發，這些努力果然沒有白費，上市至今已接到超過九百張訂單，果然不負眾望、超越期待。

納智捷的成功，在於與世界同級的超高規格製程，同級的MPV房車售價高達四百萬～五百萬，但這部車卻只要八十萬～一百萬元就可以擁有，裕隆集團的這一戰，不僅達到了生產觀念中的低價策略，更與時俱進地推陳出新。

嚴凱泰曾說：「LUXGEN是我為台灣而造。」

二〇〇九年十二月，這部車也參加了杜拜車展，將台灣的自主品牌推上世界，讓全球看見台灣的價值，就在獨創的魅力。

人與人的潛能本來沒有什麼差異，但是在現實中，人與人的能力卻有著不盡相同的差距，這種差距可能來自於前者善於挖掘潛能、尋求進步，而後者則甘於落後、埋沒自我。因為成功的基因不是天生的，而是從不斷地自我挖掘中獲得的一組密碼，只要我們持續前進的步伐，成功的大門就會為我們而敞開。

從歷練中自省成長

美國IBM公司的第二任接班人小沃爾森，他憑藉聰明的頭腦和敏銳的商務觸覺，將IBM打造成世界上最大的電腦公司，但在小沃爾森年輕的時候，他卻是一個出了名的問題少年。

因為身為富家子弟，所以他整天與一些花花公子混在一起，不喜歡上課還染上了很多惡習，為此還差點被學校開除。

後來，小沃爾森在父親的引導下，學會了開飛機，進了軍隊，並參加了第一次世界大戰，經歷了炮火的洗禮，幾年以後，小沃爾森逐漸成為一名守紀律、責任心強的青年軍官。

他接手父親的事業後，不斷精進業務，並且研發出世界第一台電腦，當時人們還沒有看到電腦的重大價值，而小沃爾森卻大膽提議，大量生產並銷售電腦產品，從此IBM公司的業績蒸蒸日上。

從問題少年到商界名人，小沃爾森的成功蛻變正來自他一步步腳踏實地的努力，與痛改前非的反省力。

量變就能引發質變

美國黑人女運動員威爾瑪・魯道夫（Wilma Rudolph）因早產出生而險些喪命，從小就身體羸弱，患過小兒麻痹、猩紅熱和雙側肺炎，還留下了小兒麻痹後遺症，左腿癱瘓，這讓她無法像其他孩子一樣蹦蹦跳跳，而且連走路都成了問題。

但是她卻並沒有因此萎靡不振，而對未來懷有希望，她希望：有一天能和別人一樣在賽場上奔跑。為了實現自己的夢想，她開始每天不間斷地鍛鍊，當父母不在家時，她就試著扔下支架自己行走，無數次地摔倒，又無數次地爬起來。

九歲時，她努力脫離腿部支架獨立行走。

十三歲時，她竟然能夠正常行走了，她的好轉連醫生都認為是個奇蹟。但這並沒有讓她停止鍛鍊，她試著融入團體，堅持和同學們一起參加學校的體育活動，每天的體能訓練也是數十年如一日，從未間斷過。為了確認自己的進步，她數次堅持參加體育比賽，即使大部分時候都是最後一名，但她從未放棄過，每天依舊準時到操場上報到，承受一次次更艱難的訓練，且看到自己一次次地突破體能的極限。

一九五六年，十六歲的魯道夫終於在墨爾本的奧運會上獲得四人百米接力賽的銅牌，從此之後，成功的聲望就如影行地跟著她。

一九六〇年，在美國的錦標賽上，又以二十二秒九的成績打破了兩百米短跑的世界紀錄。在該年的羅馬奧運會上，她更是輕鬆地奪得兩百米短跑冠軍，並在四人百米接力賽中幫助美國隊將世界紀錄改寫為四十四秒四，並成功獲得人生中的第三塊奧運金牌。

由於亮眼的表現與優美的跑步姿勢，人們還封她為「黑羚羊」，象徵著她在人生中不斷地努力與躍進。等到功成身退之後，魯道夫成為一名教練，用自己的才華教導美國隊的國手，並且還做了很多慈善工作，希望透過推己及人，將自己圓夢的精神分享給全球各地的人們。

從一名左腿癱瘓的女孩逐漸成長為一名出色的運動員，這種改變近乎驚人，但是魯道夫做到了，她的成功來自日復一日的努力，與不懈的堅持。

許多人都在期盼人生中的奇蹟降臨來扭轉自己的命運，但魯道夫告訴我們，生命中所有的奇蹟都是來自於我們一天天的付出與實踐。

《荀子・勸學》中寫道：「鍥而舍之，朽木不折；鍥而不捨，金石可鏤。」只要努力不懈，即便每天只是微小的進步，也有可能成就排山倒海的壯舉。

任何成功都無法一蹴而就，量變才能引發質變，累積是成功的前提，只要紮實累積，一步步地前進不停歇，我們每一個人都能圓滿地達成人生最終的使命。

潛動力金鑰

工作不是例行公事，不是照表操課完成就好。還要多一點思考、多一點細心，多一點不同的作為，多一點感人的誠意。

——城邦出版集團首席執行長：何飛鵬

永不放棄，夢想更接近

跨越時代考驗的全錄公司

一九三八年，對發明頗感興趣的年輕專利事務律師賈斯特・卡爾遜（Chester F. Carlson）在簡易的實驗室中，成功地製作出第一個靜電複印圖像。

自此之後，卡爾遜就帶著自己的專利奔走於當地二十多家公司，希望可以出售這項專利，但遺憾的是，沒有人願意相信卡爾遜的這項發明會給他們帶來什麼利潤。

直到八年後，俄亥俄州的巴特爾研究院才接受了卡爾遜的這項專利，並與他簽訂合約，卡爾遜幾年的奔走終於得到了結果，他不僅獲得對方的資助，更成功地改進了這項技術，並取名為「電子圖像複製技術」。

三年之後，一家地處紐約州羅徹斯特生產相紙的哈羅依德公司，購買了卡爾遜發明的全部專利權。

得到專利權之後，哈羅依德公司將卡爾遜研究出的「電子圖像複製技術」改名為「複印術」，並為影印機附上新的商標「全錄」（Xerox），並在一九四八年同時推進市場，沒想到一推出，公司便獲得了意想不到的成功。

一九五九年，全錄公司生產出了頗具代表性的九一四型號影印機，到一九六一年時，全錄公司生產的自動辦公影印機已經被全世界所接受。

從此「全錄」成為家喻戶曉的印刷品牌，隨著複印技術的不斷發展，其優越的產品性能也越來越受到客戶的讚許和肯定。

如果說卡爾遜是新一代複印技術的奠基人，那麼全錄公司就是全新複印時代的開創者。無論是卡爾遜還是全錄公司如今的不同凡響，都是他們始終努力不渝的結果。

從一九八〇年開始，全錄公司在全球二十個國家獲得了二十五個國家品質大獎，成為全球最炙手可熱的服務供應商之一。

從失敗反省，堅持不放棄

在追求成功的路上，我們總是會遇到各種各樣的阻礙，有時難免會讓我們失去信心，甚至會認為即使努力了也不一定成功，還不如直接放棄。

的確，成功不是僅靠努力就能獲得的，還需要滿足很多條件，當失去了其中一項要素，都可能與成功遙遙相望。

但是在沒有真正得到結果之前，一切都只是猜測，也許努力的結果仍會是失敗，但是如果就此放棄，那麼就徹底泯滅了成功的可能，等於我們自行放棄了爭取成功的權利。

與其甘心放棄，不如放手一搏，也許就只差這一戰，就能收獲意想不到的成功，即使真的失敗了，那些全力以赴的追求過程也是一筆寶貴的財富，可以成為我們再次奮鬥的借鏡。

也許努力不一定成功，但是放棄一定會失敗，堅持不僅是一種信念，更是一種成功的籌碼，只要堅持不放棄，我們就能不斷朝著成功的方向邁進，即使暫時沒有成功，但是只要不放棄，成功就會離我們更近。

持續努力才能保持優勢

相反地，即使現在是成功的，但如果停下腳步，放棄努力依舊會讓我們重回失敗。

王安石在《傷仲詠》中曾經講過一個故事。

一個名叫仲詠的孩子三歲便學會了作詩，於是他的父親便整天帶著他到處賣弄，村裡的秀才、舉人看了也是大加褒獎，稱其：「文理皆有可觀之處」，這讓仲詠也覺得自己很了不起，結果便不思讀書，整天放任自己。

等到七八歲時，人們都說仲詠的文采不如從前，可是仲詠與父親卻並未在意，到仲詠十六歲時，作詩的能力已大不如前。

放棄努力不僅僅會使人裹足不前，還有可能導致能力的退化，一旦放棄努力，那麼失敗就會隨時光顧，所以堅持努力不僅是為了爭取成功，更是為了給自己的明天一個交代，帶著永不放棄的態度去做事，就是等待夢想實現前的一種精神勝利。

潛動力金鑰

失敗者的一大弱點在於放棄，成功的必然之路就是不斷地重來一次。

——發明家：湯瑪斯・愛迪生（Thomas Alva Eldison）

重新定位，人生要活對故事

投資失敗的馬克・吐溫

美國著名的作家馬克・吐溫（Mark Twain）擁有過人的寫作才華，幽默的文字使他贏得了一大批忠實的讀者，在文學創作上成就斐然，但是這位智慧過人的文學作家，也曾一度找不到自己的定位而遭遇失敗。

在他四十五歲時，曾經投資過「打字機」的研發工作，從一開始的兩千美元，到後來無數次一萬、二萬的增資，結果他的投資就這樣有去無回，雖然他對這件事耿耿於懷，卻仍然對經商致富的夢想懷有憧憬。

在他五十歲時，文學上的成就讓他享譽中外，各家出版商爭相出版他的作品，很多出版社老闆都因此發了大財。

馬克・吐溫看到作品的獲利大部分都流進了出版商的口袋，自己卻只能拿到很少的版稅。

他想：為何不自己開個出版社，專門出版、發行自己的作品呢？這樣我就可以賺到更多的錢。

於是他便著手開了自己的出版社，一開始，因為新推出的作品甚受歡迎，他真的賺到了一些錢，但是由於缺乏經商經驗，甚至連最基本的財會知識都不懂，只好在後來的經商過程中屢屢碰壁。

一八九四年，馬克．吐溫創立十年的公司在經濟危機中徹底坍塌，最終他不僅沒有賺到錢，反而為此背上了將近十萬美元的債務，債權人多達九十六個，徹底地打破了他的經商之夢。

後來，因為對投資的心灰意冷和對商業的一竅不通，馬克吐溫還因此拒絕了一項僅需五百美元的投資，而這項投資的成果便是現在家家户户都在使用的電話。

雖然馬克．吐溫在文學史上佔有一席之地，但因為他尚未確立自己人生的定位，所以在商場上屢遭滑鐵盧之役，後來，還是透過好幾十年不間斷地趕稿與演講，才漸漸地弭平他在商場上的損失。

每一個人的潛力都是無限的，只要一經挖掘，都會有驚人的成就。但卻很少人能夠找到最適合發揮自己能力的方式和途徑，也因此局限了自己的表現。例如：一個善於社交的人整天被要求在房間裡寫作，或者一個不愛說話的人去做整天需要與人寒暄的業務員，這對他們本身的天賦而言，都是一種浪費。

做對自己

有些人能夠在人生中獲得重大突破，往往不是因為其有著超乎常人的特異之處，而是他們知道自身之於大眾的獨特，並懂得在適合的領域中發揮強大的潛能和價值。

凡事沒有絕對，只有錯位，如果一個人找不到屬於自己的位置，一條可以發掘自我潛能的途徑，那麼損失的不僅僅是有形的錢財和榮耀，更是生命價值的損耗。

懂得找到適合自己的定位是一種人生智慧，但敢於探尋適合自己的定位往往需要莫大的勇氣。任何路都不是一帆風順的，即便是那條真正適合你自己的路，也常常會遇到眾多的阻礙，但是只要你的方向正確，堅持信念不放棄，那麼終究將贏得人生的成功。

一九五四年，鄉村大劇院旗下一個年輕歌手在首次演出後就被辭退了，當時的老闆曾對這個年輕人說：「小子，你哪兒也別去了，回家開卡車去吧。」

但是誰會想到，這個被老闆嘲諷的年輕人，就是後來的「貓王」（Elvis Presley）。

無獨有偶，一九六二年，四個初出茅廬的年輕音樂人獲得了唱片公司面試資格，並演唱了他們自己創作的歌曲，但是公司的負責人卻對他們的音樂絲毫不感興趣，並拒絕了他們發唱片的要求，甚至諷刺他們說：「我們不喜歡他們的聲音，吉他團體很快就會退出歷史舞臺。」但是事實證明他大錯特錯。

這四個人後來成了流行音樂歷史上最有影響力、最為成功的樂團——披頭四（The Beatles），甚至被美國稱為「英國入侵」的音樂文化浪潮，徹底地襲捲美國唱片市場。

如果我們未能找對人生定位，就像失去重要角色的演員，一輩子只能站在舞台的角落充當別人的配角。唯有從每次跌倒的經驗中反省自我，重新確認定位，並持之以恆的努力，那麼每個人都能成為自己生命中的最佳主角。

潛動力金鑰

能夠征服世界的人，開始的時候，都會試圖找到自己夢想中的樂園，當他們無法找到時，就親自創造它。

——**愛爾蘭劇作家：蕭伯納**（George Bernard Shaw）

提高思考層次，加深生命刻度

向世界學習的梅蘭芳

京劇梅派創始人梅蘭芳先生，一生取得眾多殊榮，不僅在於他出生於梨園京劇世家，更因為他毫不懈怠的學習態度。

雖然梅蘭芳從小便對京劇耳濡目染，頗有天賦，七歲學戲，十一歲登臺，但是他仍然虛心拜師學藝。

從八歲起，梅蘭芳先後拜了許多前輩為師，二十歲時，雖然他早已成為人們心中頗受歡迎的京劇演員，但是他仍然虛心求教，持續向其他前輩學習昆曲，後來又積極學習國外的歌劇和芭蕾舞劇，在學習中不斷吸取世界文化的精髓。

梅蘭芳不僅向專業領域的名師學習，即便是普通人的批評，他也都會虛心求教。

一次，梅蘭芳在演出京劇《殺惜》時，很多觀眾都叫好喝彩，但是梅蘭芳卻在眾多喝彩聲中聽到一位老人連連説道：「不好，不好。」

謝幕之後，梅蘭芳來不及卸妝更衣，便將這位老人接到家中，謙虛地向他詢問表演時的不妥之處，並恭恭敬敬地表示：「説我不好的人，是我的老師。先生説我不好，必有高見，定請賜教，學生決心亡羊補牢。」

老人這時提醒他：「閻惜姣上樓和下樓的臺步，按梨園規定，應是上七下八，博士為何八上八下？」聽到這裡，梅蘭芳一下子領悟了，並連聲道謝。

之後，梅蘭芳對這位老人便始終以老師相稱，並時常邀請他來看演出，幫忙糾正不足之處。梅蘭芳能夠取得高超的藝術成就，與他善於虛心求教的學習態度息息相關。

當然，懂得自我修正不只成就了梅蘭芳一時的榮譽和掌聲，更成就了他一生藝術形象的高雅與脫俗，這正是梅老先生在一次次學習中累積而來的生命精粹。

反省是透過思考之後，對自我的批判與改進。

如果一個人已經三十歲，但他的智識卻停留在學生時代，未能同時成長，那麼當他面對工作、情感或其他生活領域的錯誤時，就無法及時啟動心中自省的潛動力，可能因此錯過了學習、改進的機會，心智只能停留在原地踏步的錯誤，而逐漸中流失原有的生命價值。

所以，當我們的人生隨著時序一再進階的同時，也要讓自己的智識與心理的成熟度跟上歲月的腳步，才能持續在人生中累積與收穫。

這時，唯有一輩子不間斷的學習，才能夠幫助我們持續跨越不同人生階段的思維，增加自己對主觀自我與客觀事物的了解與判斷，才能讓心中的反省力發揮出最大的效能，帶給人生一次又一次的省思與成長。

學習力是提升思考層次的關鍵

日本管理大師大前研一曾提出「聰明人一定要做的十件事」中，其中之一就是「勤於學習」。

大前研一認為，我們每年都應該至少要讀五十本書，因為閱讀或是學習都是在與智慧對話，它不僅可以保證你的記憶力與感悟力，還能讓你永遠言之有物，展現出睿智的魅力，唯有提升思考層次，才能夠加深生命層次。

除此之外，大前研一每年都會從全球的金融趨勢中，挑出一個最有興趣的選題，並空出一百小時的時間，針對這個議題查找資料、收集理論、大量閱讀相關的採訪報導與書籍知識，藉以深入了解、學習這個議題與全球社會的關聯性與重要性，如此大量又專注的吸收知識，經過他的頭腦消化過後，才能每年推出對社會新的見解與洞察。

難道從網路蒐集資料、多方閱讀，對我們來說會很難嗎？一點都不，重點是持之以恆地吸收新知，才不至於人云亦云地跟隨世俗的輿論，卻逐漸失去自己的見地。你可以試著參考以下幾種學習的方式，不論是對學生或上班族增進新知都很有幫助：

快速地瀏覽資料

當我們面對過度大量的資訊時，大多數人並沒有美國時間去一一細看。最有效的方法就是用最快的速度瀏覽全部內容，跳過許多繁文褥字，只挑出你眼中有興趣的關鍵字來細部閱讀，如此一來，學習內容就成為你「主動吸收」，而非「被動吸收」的資訊，也能提升吸收能力。

由小見大的演繹法

聽起來似乎非常困難，其實就是要會舉一反三，把同樣的觀念放在不同的層次上。

人生中的學習當然不僅止於書本。我們也可透過對事物的觀察，用自己的語言重新詮釋其中的意義。

例如，當我們感受到大自然的四季變化，就可以將它轉化為對自己有用的學習進度表：春季，適合吸收新知；等到夏季來臨時，存在心裡的資訊就會開始發酵更加成熟，讓我們更能領悟其中精要；等到秋天時，就能將這些知識應用在事物的處理上，體會到這些新知為我們帶來的成果；到了冬天之時，就是應該找出知識的弊端，去蕪存菁的時候。

內心影像記憶法

這是最簡單、卻最實用的學習方法。

從學習的內容中，去想想與自己人生經驗的關聯之處，進一步映入內心的影像，讓它們全都變成自己的無字天書，引領著未來的人生進程，未來再遇到同樣情境時，你就可以應用聯想法則，解決過去不能解決的課題。

時刻以謙於學習的姿態處世，這不僅是對先知的告慰，更是一種提升自我生命高度的方式。有成就的人都會抓住自己生命中的每一分每一秒，時刻培養自己的獲知能力。

俗話說：虛心使人進步，驕傲使人落後。隨時保持一種學習的人生態度，就是一種進步的人生姿態，時刻注重培養自己的學習能力，就是一種持續進步的好習慣。

學習沒有止盡，人的一生都在學習與反思中沉澱和進步，在生活中時刻培養自己的學習能力，不斷豐富自己的生命厚度，進而不斷反思、不斷提高、不斷沉澱，我們才能逐漸彰顯生命的價值，擁有絢麗的人生。

潛動力金鑰

未來的文盲不再是不識字的人，而是不懂得學習的人。

——未來學家：阿爾文・托夫勒（Alvin Toffler）

3 包容力

增加心的彈性與夢想的寬度

「人生恰恰像馬拉松賽跑一樣，
只有堅持到最後的人，
才能成為勝利者。」

～池田大作

Let your life no longer regret

寬厚，讓生命的路更寬廣

林肯用幽默化解敵對

美國前總統亞伯拉罕．林肯（Abraham Lincoln）幼年的艱苦生活和飽覽群書的習慣，培養了他寬厚的待人處事方式。

正是這種大度的處世態度，讓林肯可以輕易避開他人惡意的批評與攻擊，而能真正專注於整治國家，使他在美國的歷史上留下永遠的光輝與榮耀。

當他在參議院進行演說時，一個參議員曾當眾侮辱他說：「林肯先生，在你開始演講之前，我希望你記住自己不過是個鞋匠的兒子。」

聽後，林肯很平靜地回答：「我非常感謝你提起了我的父親，他已經過世了，我一定記住你的忠告，因為我知道我做總統永遠無法像我父親做鞋匠那樣成功。」

林肯又轉頭對那位參議員說：「據我所知，我的父親以前也為你做過鞋子，如果你的鞋子不合腳，我可以幫你修改，雖然我不是偉大的鞋匠，但我從小就跟父親學會了做鞋子的技術。」

接著，林肯又對所有議員說：「對參議院的任何人都一樣，如果你們穿的那雙鞋是我父親做的，而他們需要修理或改善，我一定盡我所能地幫忙。但有一點可以肯定的是，他的手藝是無人能比的。」說到這裡，參議院裡頓時響起一片掌聲。

林肯執政時，有人對他對待政敵的態度表示不理解，並批評他：「你應該想辦法打擊他們，消滅他們才對。你為什麼試圖讓他們變成自己的朋友呢？」

林肯輕鬆地回答：「我們難道不是在消滅政敵嗎？當我們成為朋友時，政敵就不存在了。」

以友誼化解衝突，以寬容和解矛盾，林肯的寬厚與大度不僅讓他在政治上功績卓越，也贏得了全世界人民的尊敬。

學習大自然無私地包容力

相較於整個浩瀚的宇宙，人類所生存的地球是多麼的渺小，但是在這個世界上，有一種比宇宙更廣大、更難以探測的，就是人類的心靈。

心靈是映射萬物的根源，它的容積超過我們所能預見的龐大事物，並有無限發展的潛在空間，它所能容納的遠遠超過我們所看到的一切。

當一個人願意用他的心去觀看全世界、去接受生命中的各種變化之時，他的心就會像海綿吸進水般，膨脹地無比廣大，也能因此接受更多幸福的能量。

但當一個人的心閉鎖起來，只能聽見自己的欲望與感受時，他的心就容不下任何人，自然就把所有的快樂與感動都關在門外了。

如同地球承人載物的偉大，內心寬厚的人也能夠運用包容的潛動力去面對世界，而發出更大的生命之光。

因為能夠包容別人的人，就能夠放下心中的私欲與情緒，讓別人更容易接納他，而能凝聚群眾，吸收新知，不會一輩子困在自己的象牙塔中而抱憾終身。

閱讀打開心的視野

思想是心靈的泉源，心靈的容積則取決於思想的廣度。思想越是寬闊，心靈所能容納的就越多，所以打開視野的第一步，就是要懂得吸收不同的思想。

寬容大度的處事姿態，來自寬容的心態，寬厚的心靈，更來自於廣闊馳騁的思維。思路開闊了，心靈也就跟著開闊了。利用這樣的思維學會廣度思考，以意識改變心態，由此獲得寬闊的心靈。

培養寬闊心靈的方法不僅需要隨時自我開解，更要從閱讀入手，才能豐富內心世界。閱讀能培養一個人的心性，經驗能歷練一個人的心靈，用書籍豐富思想，在人生經歷中不斷完善自我，磨煉內心的堅韌和彈性，那麼每一個人的心靈都能承載千人，容納萬物，完善生命的意義。

閱讀的狀態是如此的孤單，一個人面對一本書，從中汲取自己想要的話語與自己對話，澄清思考的謬誤。但在忙碌的都會生活中，其實有許多人都擁有閱讀的障礙，即使識字，卻對閱讀充滿恐懼。

或許是因為台灣填壓式的學習環境，讓我們一出社會後就想要拋去壓榨心靈的書本；或許是因為分身乏術的緊張神經，讓我們無法靜下心來參透一本書的智慧，因此許多人就與閱讀的興趣擦身而過，每天面對諸多的文字或報表，卻無法將任何一個字讀進心中，久而久之，就把自己關在思想的象牙塔中，與不滿的環境做無謂地抗辯，流失了生命的色彩與發展的可能性。

如果你還無法沉澱心境去讀一本書，那麼去找一些能夠感動你的字句吧，把它們抄在你的心中，軟化你的思考模式，激勵你的行動方式。或是去讀一些圖、一些對你有意義的畫，去看一部國際觀摩等級的參展影片，在小巷間中自在的漫步，慢讀週遭的人生，同樣也可以開闊你的視野，更可以培養你的感受性與尋找語彙的能力。

閱讀的能力是啟動心靈機制的第一步，脫離了文本的閱讀，更能帶著我們的思想與心靈一同飛翔。

你可以無所不讀，只要你願意去讀，就是願意放下執著，想去了解不同的看法，或許不一定能全盤接受，但是跨領域的閱讀能力，不僅更豐富你的心靈，也會引領你去了解這個現實世界的全貌。

好好地去讀這個豐富的世界吧，每個角落都在上演著許多偉大又微小的感動故事，就像你的心中，也藏許許多多的故事匣，正等待著讓人傾聽與開啟。

當你看見同一個地球上的許多人都受到貧富差距的迫害後，你就可以知道自己其實很富有；當你知道這個世界上有多少個破碎的家庭，就不會再輕易對父母埋怨，。

閱讀就是在無形地擴充我們包容的力量，去包容一切缺陷與醜陋，去寬恕不完整的自己，快樂地接受現在的狀態，因為我們的心更富有了，所以接下來每一步的生命都會越走越充實輕快，不用等到人生的最後一刻，才檢視自己的成就，現在就擁有最圓滿的每一刻。

潛動力金鑰

大地承受不住的東西，胸懷可以容納。

——哈薩克族諺語

讓步，就是爲自己留後路

以世人為師的孔子

我國古代著名的思想家、教育家孔子，雖然學識淵博，卻始終以禮讓、謙遜為做人之本。

孔子與學生在駕車周遊列國時，曾在往晉國的路上遇到一個七歲的孩童，這個孩童站在路中間擋住了孔子的車，於是孔子便對他說：「你不該在路當中玩，擋住我們的車。」

孩童指著地上對孔子說：「您看這是什麼？」

孔子一看，地上的碎石瓦片上畫著一座城。

孩童又說：「您說，應該是城給車讓路，還是車給城讓路呢？」

孔子覺得孩童很聰慧，便問他叫什麼名字，孩童回答：「我叫項橐，今年七歲。」

於是孔子轉頭對學生說：「項橐七歲就懂得談禮，他可以做我的老師啊！」

還有一次，孔子帶著幾個學生去廟中祭祀，廟門口放著一個非常引人注目的器具，於是幾個學生便好奇地拿去請教孔子。

孔子拿起那口器具仔細端詳了一會兒，然後對學生們說：「這個器具，當它空著的時候，是傾斜的，當它裝滿一半水的時候，就會自動擺正，但是當它裝滿水後，它又會再度傾斜。」

孔子的弟子子路問：「難道沒有方法讓它不傾倒嗎？」

孔子語重心長地回答：「要想不讓器具傾倒，便要一直讓它保持一半的水量。人也如此，一個人若想一生不傾倒，便要用退讓的方式減少自滿。絕頂聰明的人，更應謹慎穩重，保持自己的智慧；功譽天下的人更應以謙遜保持功勞；勇敢無雙的人，則應以謹慎保持自己的本領。做人就是要適當保持退讓，保持謙遜，懂得接納與包容，人生之路會越走越寬廣。」

退讓會使我們進步

進步來自於學習，學習來自於傾聽，傾聽則來自於禮讓。

在與人相處時為別人留下一定的空間和餘地，適時傾聽，我們的思想才不會局限在自己狹小的空間裡。以寬容的態度與人相處，才能見賢思齊，發現他人身上的優點，會使自己擁有更多的智慧。

與人相處，適當的退讓不是懦弱，不是膽怯，而是一種高度的智慧。

智慧的先知們並不是因為他們天生便擁有了令人驚嘆的淵博，而是在於他們懂得以退為進，始終為自己留下學習的空間，在傾聽、謙讓之中不斷學習他人身上的智慧之光，從而完善自己。

◆古希臘著名哲學家蘇格拉底（Socrates）雖然才華橫溢，常常被人稱讚為學識淵博、智慧超群的人，但是他總是表示：「我唯一知道的就是我自己的無知。」

◆聞名世界的音樂大師貝多芬（Ludwig van Beethoven）曾稱自己：「只認識幾個音符而已。」

◆科學巨匠愛因斯坦也曾評價自己：「就像一個幼稚的小孩一樣。」

然而，現實中的他們卻是人類文明的推進者，理論的奠基人。這種謙讓的態度，使他們擁有了超乎常人的智慧。

寬容能夠拉近人與人間的距離

明朝時期，山東濟南人董篤行在京做官。一天忽然收到家人書信，稱家中因蓋房劃地與鄰居發生爭吵。

董篤行看後立即回信，他在信中寫道：「千里捎書只為牆，不禁使我笑斷腸；你仁我義結近鄰，讓出兩尺又何妨。」

結果兩家共讓出八尺，房子蓋好後，就形成了一條胡同，被世人稱為「仁義胡同」。

在生活中，凡事禮讓三分，多給別人留下一些空間，你便能從傾聽中彌補不足弭平爭吵帶來的錯誤與遺憾，在和諧中提升和優化自我，感悟寬容所帶來的智慧人生。

潛動力金鑰

批評時，要有與人為善的精神，不可求全責備。

——中國史學家：郭沫若

把心放大，煩惱就縮小了

唐代宗的寬容之心

史書《資治通鑑》裡記載著一個故事：勇武非凡的郭子儀一舉掃平了安史之亂，功績卓著，為復興唐室立了大功，因此深得唐代宗的傾重和厚愛，後來，唐代宗更將女兒生平公主嫁給了郭子儀之子郭曖為妻。

時間長了，小夫妻難免要拌嘴，一次兩人吵架之後，氣憤的生平公主擺起了皇室的架子，這讓郭曖很是不滿，於是也憤懣不平地回語道：「不就是仗著你父親是天子嗎？有什麼了不起的！告訴你吧，你父皇的江山是我父親打敗了安祿山才保全下來的，我父親因為瞧不起皇帝的寶座，所以才沒當這個皇帝！」

聽到郭曖出此狂言，生平公主更是吞了一口悶氣，於是一氣之下便回了皇宮，將此事稟告了皇上。

聽了女兒的一番抱怨之後，唐代宗卻並沒有為女兒打抱不平，反而平靜地說：「你是個孩子，有許多事你還不懂。你丈夫說的都是實情。天下是你公公郭子儀保全下來的。如果你公公想當皇帝，早就當上了，天下就不是咱們李家的了。你不要因為郭曖說了一句話，就亂扣『謀反』的帽子，如果總是這樣，你們的生活怎麼能過得好呢？」

聽了父親的勸導後，生平公主也覺得有道理，氣也消了，自己主動回到了夫君家。

後來這件事被郭子儀知道了，兒子口出狂言，幾進謀反，這還了得。於是便把兒子綁起來帶到宮中，拜見皇上，請皇上治罪。

但是唐代宗卻沒有一點怪罪郭曖的意思，反而和顏悅色地勸慰郭子儀：「沒什麼大事，小倆口吵架，說話過頭了點，咱們當父母的不要認真，裝作沒聽見就行了。作為一家之主，對下輩的過失就裝裝糊塗吧。」郭子儀聽後舒了一口長氣，除了感歎唐代宗的寬容之心，也更堅定守護國家的忠誠之心。

逃離煩惱的捆綁

大千世界，人事紛繁。人與人、人與事之間很難完全達到相容相合，你也許已經努力許久，也未能如願到達成功之彼岸，又或者你正被工作上的事情搞得焦頭爛額，其實這都是正常的，不要說自己與外界的步調難以一致，即便是自己與自己對話，有時也難免會心生不安與苦惱。

人生於世，遇到不順利很正常。如果你總是深陷負面情緒而無法自拔，為此而苦惱、煩躁，那麼可能就是中了心靈和思想的「毒藥」，自己把自己禁錮在「煩惱」的房子裡，使自己與煩惱如影隨形。

因為可怕的負面思想就像溫床，只要你開始煩惱，那麼它便會藉機滋生出更多讓你心煩意亂的情緒，甚至讓你無法擺脫，迷失方向，找不到出口。更可怕的是，煩惱所帶來的連鎖反應不僅限於情緒的不安，有時候，煩惱更會成為破壞、泯滅幸福生活的兇手。

只有你能將悲劇改為喜劇

曾經有一個故事，一個男人因為在公司遭到老闆的批評，回家後，將怨氣轉移到妻子身上，妻子覺得很委屈，孩子又因為一點小事不聽話，於是正在氣頭上的妻子便打了孩子，而年幼的孩子更是覺得委屈，無處發洩怨氣，便一腳踹在小狗身上，小狗嚇得跑出家奔到馬路上，恰巧對面來了一輛汽車，司機為躲閃狗而亂了方寸，結果一下子撞到了路邊的行人，發生了交通事故。一個工作上的小挫折，就迅速地延燒成為社會悲劇。

也許這個故事太戲劇性和誇張性，但是它卻指出了情緒是如何影響我們觀看事情的角度，以及對環境及運勢的影響。

如果男人不把老闆的話悶在心裡，先檢討自己、想想改進的方法，就能多一個成長的機會，也不會把壞情緒帶回家裡。

如果妻子願意傾聽丈夫的抱怨，給他一個安慰的擁抱，等他情緒平復下來之後，再一起面對工作上的困境，再加以建議，排除問題，也不會遷怒孩子。

如果這原本就是一個充滿包容與體諒的家庭，當遇到這種情況時，孩子也會將心比心地感受到身為父母的難處，想想如何用童言童語、天真的笑顏去化解父母之間的不愉快，一切悲劇都不會發生。

父親一時承受的壓力，也可能化為全家人凝聚的動力，這就是包容的力量，會將所有壞的能量破壞，轉化為好的能量，鼓勵我們往人生的光明面前進。

做自己情緒的主人

煩惱是生活的禍根，帶著壞情緒與生活對話，便會污染生活的顏色，暗淡它的美麗，如果一個人在遇到煩惱時，又不懂得打開包容、理解之心，不懂得適當學會遺忘和忽略負面事件的影響，那麼煩惱就會被我們自己強化，促成一場自導自演的遺憾戲碼。

雖然有些事並不能被我們所左右，但是我們卻可以決定情緒，決定事情在我們內心的重量，任何事一旦被放進心裡，只有我們自己能夠去選擇它們對我們的影響是好還是壞，每一段故事的結局或喜或悲，其實都是我們一手寫下的。

有時候，試著以糊塗之心，做明白之事，這才是生活的大智慧。

適當地裝裝糊塗，不要過度聰明、尖銳，就不會讓事件迫害心靈，箝制思考，而意氣用事。有時候，傻一點，反而能夠躲過許多人生的災禍，因為世界的運轉其實來自於我們的心念。向前走，向後退，只有自己可以決定命運。

鄭板橋之所以傳承「難得糊塗」四個字，就是在提醒世人，跳脫出斤斤計較的框架中，你才能找到更寬廣的人生之路。

其實糊塗只是心念的一轉，心靈中一扇窗的開放和豁然，在煩惱時學會忘記，在憤怒時學會包容，忘記憂傷，就有快樂，忘記紛爭，才有平和。

試著把工作上的煩惱忘在回家的路上，讓人際上的煩惱消弭於寬闊的心胸，在家庭的樂章中書寫下理解和寬容的音符，那麼人生中可能的遺憾也會一點一點減少，尋回枝葉茂盛的生命之樹。

潛動力金鑰

聰明的人不會注意自己不可能得到的東西，也不會為它們煩惱。

——劍橋大學教授：喬・赫伯特（Joe Herbert）

把往事收進回憶的盒子裡

只往前看的乞丐囝仔

臺灣第三十七屆十大傑出青年賴東進就是一個用生命書寫奇蹟的人。

賴東進從小出生在一個乞丐之家，父親是個盲人，母親和大弟都是重度智障，自從一歲多學會走路起，他便搖搖晃晃地跟著大姐去乞討。在他六、七歲時，他又陸續多了好幾個弟弟妹妹，作為長子的他不僅要靠著乞討讓一家人溫飽，還要照料尚未長大的弟弟妹妹和嚴重智障的母親。

還好賴東進的父親聽從了別人的勸告，在他十歲那年，特地將他送去學校念書。

為了背負起養家的責任，賴東進一天只睡兩、三個小時，白天到學校上課，中午回家照顧家人跟煮飯，晚上還要隨父親到街邊行乞，為了節省時間，他的作業都是在乞討時寫完的。

有一天晚上，賴東進不小心一腳踩進了泥潭中，把一天乞討的錢都掉進了水裡，結果遭到父親的一頓毒打。極度貧苦的生活讓賴東進飽嘗了世間的艱辛。

一次，他到一家餐廳乞討剩菜，不但沒有討到東西，而且還被老闆怒斥：「別妨礙我做生意！我就是餵豬也不給你，快走！」

可是人們的白眼和誤解，嫌棄和嘲諷，生活的艱辛，都沒有壓倒賴東進，他的成績始終都是全班第一名。

正是因為他的勤懇和好學，讀書時期的賴東進不僅特別獲得老師的關照，也得到了同學的認可。

就這樣，賴東進讀了初中又升上高職畢業後，就到一家防火公司做雜工，一家人的生活才有了改善。

由於賴東進不懈地努力，讓他從雜工變為正職，而且還被一路提升，最後成為公司的廠長，直到遇見現在的妻子，成了家、育養兒女，他的生活就這樣一步步出現轉機，直到今天。

未來在等待著我們

在無數次的嘗試與挫折中，人們發現可以引領自己不斷前進的只有「未來」。未來代表希望，代表新的開始，更包含不可預知的奇蹟。人類的一切進步都與時間的過程有關，例如：蒸汽機的發明，電燈的發明，基因學說的產生……世界上各種奧秘的探尋和揭示，都是人類在向前走的過程中所實現的。

沒有人能在出生時就知曉自己生命的意義，但是隨著心智的不斷成熟，人們總會在生命的某一時刻幡然頓悟：生命歷程中的種種過往，其實早已成了永遠不可更改的過去，牢牢地印在了與生命時刻相應的刻度上，而人們唯一可以改變的便是從「現在」開始之後的每一秒鐘，如果人們願意為之專注前行的話，之後的每一秒鐘都將是扭轉未來的重要關鍵。

無論榮耀或失敗都會褪去

其實，每個人的人生都沒有定論，前一刻的人生無論怎樣，下一刻的人生都是充滿新奇和變數的，只要一直向前看，生命便會不斷進步。前方的人生之路，才是值得我們追尋和探索的。

有人常會因為過去被人誤解而耿耿於懷，因曾經的生活艱苦而倍感心酸，又或者因為一度失敗而一蹶不振，但是與賴東進的人生經歷比起來，其實這都算得了什麼呢？

過去的總歸已經過去，即便它再令你傷感不安，現在的你也早已乘著時間的火車把過去留在歷史裡，過去的一切人情世故都只屬於過去。

原諒那些傷害你的人，感謝他們練就了你堅強的內心；寬容那些有負於你的人，是他們撐大了你的胸懷，讓你學會了容忍；理解那些與你作對的人，是他們讓你學會了權衡和放下。不要再為過去的種種而浪費精力，因為你的前方還有很長的路需要走，許多的事需要你去做，過去的都已經過去了，關鍵是未來。

在現實中的各個層面上，我們都應該懂得放下過去，養成上一刻就放下、下一刻要全力以赴的習慣，這樣我們才不會被過去的種種所牽絆，才能讓自己的未來更加精彩。

潛動力金鑰

農業社會時，人們的時間觀念是停留在「過去」；工業社會時，人們的時間觀念是專注於「現在」；資訊社會時，人們的時間觀念將會放在「未來」。

——**未來學趨勢大師：約翰・奈斯比特（John Naisbitt）**

把比較的心理轉化為人生競賽

基督山的復仇之路

法國作家大仲馬（Alexandre Dumas）的經典小說《基督山恩仇記》中講述了過度與他人比較的害處。

小說中描寫了年輕英俊的水手愛德蒙從海外歸來，擁有美麗的未婚妻和稱心如意的工作，過著讓人稱羨的生活。

愛德蒙美好的生活卻遭到他的同事、鄰居、還有情敵的妒忌，於是在三人的共同陷害下，他被打入了死牢，未婚妻也離他而去，投入他人的懷抱。

可憐的愛德蒙並沒有就此氣餒，在獄中，他遇到一起被囚禁的獄友法利亞神父，從與神父的相處中，愛德蒙不僅學到了很多知識，也學會多國語言，而且獲得了基督山寶藏的秘密。

在經歷了十幾年的牢獄生活後，愛德蒙在一次難得的機會中成功逃脫，找到了寶藏，並遵循神父的教導，幫助了那些需要幫助的人，化名基督山伯爵，使曾經陷害自己的人受到了應有的懲罰，愛德蒙最終過著幸福的生活。

愛德蒙的鄰居、同事和情敵並沒有運用比較的價值而提升自己，反而想盡辦法加害於他，浪費自己的生命。

如果他們能夠從正面的角度去看待自己與愛德蒙之間的差距，努力昇華自己不足的生命缺漏，那麼他們的人生就不會因掠奪而留下永遠的遺憾。

這個故事向我們揭示了一個人生真理：與其用比較之心去嫉妒別人的成就，不如放寬心胸，好好地思考自己人生想要的是什麼，並為此在生命中深耕。

當我們無法確立自己的生命價值時，就會跟隨別人的腳步前進，最後，反而放棄了自己的目標，親手摧毀了原來應有的成績。

我們應該用心去體會別人的成就背後的付出與辛苦，並依著自己的步伐，循著心靈的軌跡前進，就能活出更好的自己。

把消極的比較化為積極的努力

人類自古便以群為居，這樣的生存環境使人們常常會將自己與他人做比較，是不是自己的生活過得比別人優越，工作職位比別人高，薪水比別人拿得多……？

一個懂得和別人比較的人，才能看到自己的不足和疏漏，化壓力為動力，促進個人進步。但是如果純粹帶著消極的心態去比較，那麼就會對人生產生負面影響，甚至造成不可收拾的後果。

人們常常習慣將某個人當作自己努力的目標或是榜樣，這便是一種積極的比較。在積極的心態驅使下，比較會成為一種仰慕、一種敬重、一種動力，推動人們去提升自己、完善自己，在這種氛圍下，人們自然會進步，許多成就大業的人，都是靠這股動力去激勵自己。

- 法國畫家安格爾（Jean Auguste Dominique Ingres）以義大利傑出的畫家拉斐爾（Raffaello Sanzio）為榜樣，結果成為法國歷史上的著名畫家。
- 比爾・蓋茨（Bill Gates）以美孚石油公司創辦人洛克・菲勒（John D.Rockefeller）為榜樣，最終在商界創出一片天地。
- 周星馳以美國著名電影製作人史蒂芬・史匹柏（Steven Allan Spielberg）為榜樣，

拍出許多部又幽默卻又帶有生命意涵的電影。

學習他人，而非仿效

帶著積極的心態與他人比較，往往是一種促進個人進步的好方法。但我們與他人比較的目的在於幫助自己增加動力和信心，而不是處處追隨他人的腳步，想盡辦法變成別人的模樣。

因此，如果一個人想進步，只將比較當作原動力是不夠的，自己必須還要有一種發自內心的力量作為支撐，要有始終不渝的成功信念，與自行癒合傷痛和自我推動的能力，這比一般性的比較所帶來的動力更為重要，因為它才是幫助我們進步的主體。

在尋求個人進步的過程中，難免會遇到挫折和困難，而它們往往需要我們借助自己內在的力量去對抗和跨越，這種力量只有在不斷超越自我的過程中才能變得更強大。

所以正在追尋進步的我們不僅要放寬心胸與他人比較，更要與自己賽跑，不斷地超越自己，不斷為自己創造內在力量。

一個人一旦為自己創造了強大的不可摧毀的內在力量，即便是獨自一人奔跑，也會動力十足，一路上毫不停歇。

不斷地突破、超越自己

在一九七七年，美國電影全才伍迪・艾倫（Woody Allen）導演的電影《安妮霍爾》獲得了奧斯卡最佳影片、最佳導演、最佳編劇、最佳女主角四項金像獎，並榮獲美國影評人協會、紐約影評人協會、金球獎、英國影視藝術學院等多項獎勵，然而，這位為身兼這部電影的監製、編劇、導演等多項職務的奇才，卻在頒獎當天缺席，獨自在紐約的小酒吧吹奏黑管。

因為，他的內心已經超脫這些經過評比後的掌聲，當他盡心盡力地完成了一步作品，就是達成了身為藝術創作者的使命，這才是他拍攝電影的原動力。

不僅對於人生的視野是如此的寬廣，在電影事業上，伍迪・艾倫也常運用各種廣角鏡捕捉人性的善惡糾葛，愛欲交融，因此創作出一部部帶有黑色幽默卻又頗能感化人心的電影。

例如：在《愛情決勝點》中，描述了一個「嫁入豪門」的男人（由強納森・瑞斯・梅爾飾），雖然脫離了平凡的人生，卻逃不過最原始的人性，在愛慾與金錢之間，不斷周旋、也不斷失去，最後，謀殺了自己最深愛的外遇對象，只為了避免失去眼前擁有的一切。最終，雖然他可以重回上流社會的豪奢生活，卻賠上了自己一生的良心與愛情。

透過電影的放大鏡，來映照自身的生命。其實我們也常常如此，因一時的比較之心，生起嫉妒或恐懼的火焰，迷失在得與失的天秤兩端進退不得，將自己的生命燒成一堆無用的灰燼，懊悔不已。此時，試著喚回心中潛藏的包容力吧，用包容轉化比較，肯定別人的成就，進一步激勵自己的努力，打造出專屬自己的成功方程式。

在人生的路上，我們不一定要跑在別人的前面，但卻一定要跑得比別人更快樂、更自在，唯有如此，才能夠堅持到最後一刻，獲得屬於自我的終場勝利！

潛動力金鑰

人生恰恰像馬拉松賽跑一樣，只有堅持到最後的人，才能成為勝利者。

——日本哲學家：池田大作

4 感恩力

原來我已經擁有這麼多

「很多遙不可及的事物都是騙人的幌子，其實最好的機會就在你身旁。」

～約翰・巴勒斯

Let your life no longer regret

生命就是上天最豐厚的賜予

謝坤山彩繪生命的奇蹟

畫家謝坤山憑著對生命的感恩書寫下人生的傳奇。

十六歲時，謝坤山在打工時不甚觸到了高壓電，雖然經過搶救保住了性命，但是卻必須接受截肢手術，最後四肢只剩殘疾。

謝坤山躺在病床上，沒有哭也沒有喊，看著悲痛的親人，他並沒有絕望，因為他知道面對厄運無休止地抱怨，只會給自己和家人帶來更多的痛苦。

出院之後，謝坤山因為無法拿餐具吃飯，所以一直由母親餵飯，但是他希望可以自己吃飯，減輕家人負擔。於是他絞盡腦汁，終於琢磨出一套特別的餐具，利用自己僅有的一截殘臂吃飯。不料，母親還是因心力交瘁而病倒住進了醫院。

沒有了母親的照顧，謝坤山一連半個月都沒有洗澡，於是他借助毛巾、夾子等用品，想盡辦法用殘缺的右臂打開水龍頭洗澡。當病癒的母親問他如何擦乾身子時，他驕傲地說：「身體擠進衣服時，衣服就幫我擦乾啦！而且我的體溫一會兒就把衣服烘乾了。」

接著，謝坤山又開始學習寫字，沒有手，他就用嘴叼著筆，他每日堅持不斷地練習著，直到後來，他的字寫得娟秀有序。二十三歲的一天，謝坤山突然對家人說：「我以後想要做一名油畫家！」更身體力行地感動了名師吳炫三讓他參與旁聽。

拜師學畫本來就是個苦差事，對於謝坤山來說就更加困難，他每天從出門到回家要整整十二個小時，因為無法拉開褲門上廁所，他只能忍著，以至於憋出了血尿，後來他還發明了一個鉤子，才解決了這個難題。

潛心學畫一年後，謝坤山的畫技增長迅速，為此吳炫三邀請美術界人士，為他辦了一個酒會形式的畫展。這次展出佳評如潮，讓謝坤山僅有的十八幅油畫，全部都被收藏，命運的捉弄並沒有讓他放棄人生，反而找到生命的走向與價值。

心態就能決定人生的航向

人生總是一路起伏，如同時而寧靜、時而澎湃的大海，不但給我們寧靜安詳，而且還會使我們經受驚濤駭浪的恐懼和傷害，甚至還要背負生命的傷痛。

但是無論是豔陽高照還是疾風驟雨，都如同海上的天氣一樣，我們沒有更改的權力，在面對人生中的不如意時，我們能做的就是接受它，並思考如何才能在疾風驟雨中保護好人生的航船，不因此而迷失方向，如何做才能在現實的生活中活得更好，展現出自己人生的價值。

心態就是人生的航向，當人生遭遇風雨跌宕時，正確的心態能幫助我們認清前方的路，而錯誤的心態卻會將我們帶入萬劫不復的境地。

面對人生中的不如意，我們不應該悲觀失望，而是要拿出樂觀、平靜的人生態度，並感謝這種不如意所給予我們的歷練，用感恩的心去把握自己的人生。

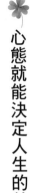

感恩能夠陪我們安渡人生風浪

因為在人生的過程中，沒有什麼能夠真正左右我們，只要始終持有樂觀的態度，用感恩的心去面對一切，那麼即便是疾風驟起、烏雲密佈，我們也能在心中看到安靜、祥和而溫暖的陽光，感受美好的人生力量。

其實，生活中有很多值得我們感恩的事，只是我們疏於發現。太陽從不吝嗇自己的能量，無私地給予我們溫暖和光明，月亮也常會展現她清幽的模樣，為人世間增添一份美麗，仲夏的蟬鳴，寒冬的雪花，秋天的紅葉，春天的柳綠花紅，都那樣自然而又不求回報地為我們增加著生活的情趣……。

只要擁有善於發現的眼睛，我們便能時刻充滿感恩。每時每刻培養自己的感恩意識，相信人生中的起伏必有它的意義，只是現在的我們還不能了解，等到經歷之後，生命的安排會給我們一個滿意的答覆，那麼生活上再大的風浪你也能安然度過，並從中獲得無盡的寶藏。

潛動力金鑰

不要因為失去而抱怨，享受你所擁有的。

——美國作家：厄爾．斯坦利．加德納（Erle Stanley Gurdner）

人生的低谷之後，就是高峰

石田退三的人生低谷與高峰

日本著名的豐田汽車公司的前社長石田退三，幼年時家境貧窮，沒錢上學，他只能到京都的一家傢俱店當店員。在傢俱店工作了八年後，由朋友的母親介紹，到彥根做了贅婿。

貧困的生活是很無奈的，他只能將新婚太太留在彥根，一個人到東京一家店裡當推銷員。所謂的推銷員，其實就是推著車子去推銷貨品的小販。這樣咬緊牙關幹了一年多，他終於支持不住了，無奈之下，離開這家店回到妻子家。

然而，在這裡等著他的並不是溫暖和安慰，而是鄙視的目光和令人難堪的日子，與更加沉重的壓力攻擊：「什麼都要靠太太，你真是個沒有用的傢伙！」

這些羞辱幾乎氣得他眼前發黑，幾近暈倒。步履艱難地過了幾個月後，他終於承受不了這些沉重的壓力，被逼得想透過自殺來解脫。

當他抱著黯淡的心情，走到琵琶湖正要自殺時，卻忽然間恍然大悟。他猛然地抬起頭來，想到：「像我這樣沒有用的人應該是死有餘辜。但如果我有跳進琵琶湖的勇氣，為什麼不拿這分勇氣來面對現實，奮力拼搏，打開一條生路呢？」

這個想法讓石田勇敢地站了起來，一股強大的力量彷彿在他體內激蕩著。從此，他不再自憐自哀，他托朋友介紹自己到一家服裝商店當店員。他重新鼓起奮鬥的勇氣，將憂愁化為力量，用堅定的毅力承受來自各個方面的壓力和挫折。

當他四十歲那年，他到豐田紡織公司服務。他不怕艱難，刻苦奮鬥，全力以赴地投入工作。他一絲不苟的處事精神，讓當時豐田公司的創業者豐田佐吉大為賞識。在石田五十歲那年，豐田就派他擔任汽車工廠的經理，並屢次為公司締造漂亮的績效數字，五十三歲時，他正式榮升公司的社長，站上了事業的巔峰期。

最初的態度決定最終的結果

提到工作，我們常常會講出一大堆的抱怨，工資低，待遇差，同事合作不利，客戶太刁蠻難纏，主管不近人情，甚至抱怨家人不理解……其實，越是這樣越難以做好工作。

態度決定結果，如果一個員工總是帶著一種消極的態度去面對工作，那麼必然會因消極的行動影響工作進展，當然更不可能取得傲人的業績，如此惡性循環之下，是不可能在工作和事業上取得成功的。

我們常常會記住那些在工作中給予自己幫助的人，並對其感恩不盡，其實，那些在工作上給我們困難的人，我們也同樣要感恩，不論是上級的批評還是客戶的不可理喻，工作上的一切不如意對於我們來說都是很好的鍛鍊。

因為在獨自一人處理工作的過程中，我們練就了全權處理問題的能力，在一次次解決客戶提出的棘手問題的過程中，我們深諳溝通的技巧和規則……正是在這樣的環境下，我們的潛能被不斷挖掘，工作能力日漸提高，並逐漸養成淡定、成熟的工作狀態。相比之下，那些在工作中給我們找麻煩的人，更加值得我們感恩。

感謝生命中的困頓

回首往事，石田總是感慨地說：「人生就是戰場，你要在這戰場上打勝仗的唯一法寶，便是鬥志和毅力。我要感謝那些曾經給我製造麻煩的人，和曾經光顧我的困難。如果沒有它們，我不會有今天。」

正是在感恩的巨大力量的推動下，石田一步步邁向了人生的頂峰。

工作中獲得他人的幫助固然可貴，但是那些工作困境中的經歷卻更顯得彌足珍貴，就是在這喜憂參半的工作體驗中，我們成為職場上成熟的一員，所以我們應該感恩在工作中遇到的每一個人，感謝他們的幫助、鼓勵、冷淡、甚至刁鑽，用積極的心態去面對並解決一切困難，這樣我們才能在工作上真正超越自己、獲得成功，告別可能會造成遺憾的人生。

潛動力金鑰

感恩是精神上的一種寶藏。

——英國哲學家：洛克（John Locke）

感謝每一個磨練自我的機會

偷到學習光陰的富蘭克林

班傑明．富蘭克林（Benjamin Franklin）在科學、政治、航海、文學、音樂等領域都有所突破，一生功績卓著。其實他只在學校裡讀過兩年書，他所掌握的大多數知識，都是在工作中學到的。

因為家庭貧困，富蘭克林小小年紀就外出工作，貼補家用，十二歲那年，他到哥哥開的印刷廠裡打工，在那裡，他出色而又快速地掌握了專業技能，很快就升上組長。

雖然工作很辛苦，但是他卻能自得其樂，利用工作之便，他有幸認識了圖書館的館員，於是在完成每天的工作後，他就去讀書，常將書店的書偷偷借出來，利用夜晚的時間閱讀，第二天早晨再還回去。

在近十年的印刷工人生涯中，從自然科學、技術方面的通俗讀物到著名科學家的論文以及名作家的作品，富蘭克林博覽群書，筆耕不輟，累積了廣泛而又深厚的知識。在印刷廠，他不僅練就了一番嫻熟的印刷技巧，而且也脫胎換骨，成長為一名知識背景深厚的出色作家。

二十四歲時，富蘭克林創立了自己的印刷廠。

在創業初期，他不僅要寫稿、編輯，還要負責策劃、印刷、修理設備。雖然條件艱苦，印刷機經常出現問題，甚至沒有時間和別人閒談，但是他憑藉著在工作時練就的一身本領，漸漸渡過了難關。他在費城出版的第一份報紙《賓夕法尼亞報》一鳴驚人，大受歡迎，之後印刷廠的業務便源源不斷，開始出版醫學專著和小說，並獲得了印刷當地貨幣的機會，隨著業務的不斷擴大，富蘭克林成了一名真正的企業家。

富蘭克林在科學上的突破也與他工作餘暇時的博覽群書不無關係，後來在多個領域都有很深的造詣。正是近十年的潛心學習與工作，為他一生的輝煌打下了基礎。

不合興趣的工作是磨練

能力總是需要一個舞臺才能夠獲得展現的機會，如果將員工比喻成一位舞者，那麼工作就是他最好的舞臺。但是很多員工會說，現實工作中我並沒有獲得足夠的表演機會，意思是說：上司總是為我的能力設限，使我無法施展自己真正的實力。

許多人會埋怨初入公司時被安排做一些微乎其微的工作，其實並不是上司不肯用人，因為在對員工能力沒有深入瞭解之前，沒有哪位上司敢對其委以重任。想獲得最大的舞臺就要從接受手邊的工作開始，即便這些工作並不是你的興趣或擅長，但仍要盡心盡力地去做，從中學習。

因為公司有公司的程序，不可能任憑員工喜好分配工作，接受上司的安排，耐心去完成，並做到最好，透過工作為公司創造價值，同時展現出自己的能力，當你做到這些時，就能得到上司關注和重用，這樣你便有機會獲得更加適合自己的工作職位。

如果你對待自己不感興趣的工作時都能擁有良好的心態和耐心，那麼再去做自己感興趣的工作，那必將是如魚得水、遊刃有餘。

感謝每一份機會

在公司裡，工作是唯一的幫助我們展現自我的舞臺，所以只要上司給了我們工作的機會，無論是承擔了分外的任務，還是只能做一些駕輕就熟的簡單工作，其實都是值得我們感恩的。

如果用感恩的心去面對工作，那麼我們最終得到的就不只是一份好工作，還有個人能力的持續開發。

工作的最終目的不是為了獲得更多的物質財富，而是為了獲得個人能力和價值的提升，工作的過程本身對我們來說就是一種自我修煉的過程，感恩工作，感恩上司所提供給我們的機會和舞臺，一步一腳印地走向成功人生。

潛動力金鑰

有很多遙不可及和美好的事物都是騙人的幌子，其實最好的機會，就在你的身旁。

——美國作家：約翰・巴勒斯（John Burroughs）

把抱怨的時間拿來解決問題

中國十大創業新銳李想

二〇〇六年五月，李想被評為「中國十大創業新銳」，但是令很多人驚訝的是，當時的他只有二十五歲，是其中唯一的「七年級生」。

李想並沒有高學歷，成功不僅因為他的執著、勇敢的闖勁，更在於其處變不驚、懂得感恩的做事態度。

一九九八年，還在高中就讀的李想就創辦了自己的網站，隔年他毅然退學，專心做起了自己的網站，也放棄考大學的機會，李想的父母雖然一度反對，但是最後還是答應了，對於家人的理解，李想知道最好的回饋就是「要做出點成績」。

於是，他全力以赴地投入到網站的經營中，除了吃飯、睡覺，就是整天忙於網站的經營問題，並憑著自己的能力，第一年就賺了十萬元。

第一年的成功給予李想更大的鼓舞，二〇〇〇年，他的網站與當地另外一個流量不相上下的網站合併，成立了泡泡網。

二〇〇一年末，李想認識了邵震，交談間，他願意幫助李想在北京成立新公司，並幫忙拉業務。正是邵震的出現，使李想的泡泡網有機會進駐北京，也成為了泡泡網的業務部副總裁。

然而，在二〇〇三年，一帆風順的李想卻觸到了事業的暗礁。因為與大型公司相比缺乏競爭力，公司的編輯超過一半的人辭職跳槽，去尋求更好的待遇。網站沒有了編輯，營運也就更加困難了。

眼看公司就要支撐不下去了，李想卻沒有抱怨，而是檢討自己，原來網站本身確實存在一些問題，員工離開了，自己也有責任。

找到了原因後，李想就帶著幾個剩下來的高階主管，討論解決辦法，接著又馬不停蹄地招聘新人，重整運營。

只用了一週的時間，網站就又重新營運，恢復正常了。

沒有任何事能攔截你的夢想

沒有人願意看到自己在追求夢想的過程中遭遇失敗，但是總有一些人，在追求成功的路上被失敗所攔截，其實在失敗的人當中，並不是沒有獲得成功的實力和勇氣，而是因為缺乏一份安然處之的心態。

成功的條件之一就在於集中精力、心無旁騖地做事。內心浮躁，缺乏踏實的態度，對事悲觀不積極，對於不滿的現狀處處抱怨，精力被情緒分散，怎麼可能做出成績呢？在工作中，這種情緒的影響就表現得更加顯而易見。

泡泡網的總裁李想曾表示：「只要主動出擊，努力地把事情做好，一個人就能掌握生活的主動權，改變自己的命運。」

針對現在學生的就業態度，他也曾表示：「我覺得現在有些大學生心態很消極，他們往往是被動地接受生活的安排，不知道自己要的是什麼。其實在我看來，如果花四年的時間把基礎打好，學一點真正有用的東西，同時感謝每一個學習的機會，把姿態放低一點，一路踏實地走過來，怎麼可能找不到工作？甚至會變得搶手！」

其實不僅是初出茅廬的大學生，即便是職場上的員工，如果沒有踏實的心態，也一樣會在工作中碰壁。唯有面對困境不抱怨，心懷感恩，踏實做事，才有可能創造事業的成功，使夢想變為現實。李想就是一個值得學習的例子。

如今，李想仍然在為自己的事業打拼著。這個「七年級」的商場新貴，不僅用行動獲得了父母的肯定，也為自己的人生打開了一片與眾不同的湛藍天空，正是每一步的沉著實幹，換取了他今日的成績。

面對人生的困境，抱怨不僅無法幫助你衝鋒陷陣，相反往往還會把你拉下馬，讓你一敗塗地。事在人為，其實任何事都在人的掌握中，只要拿出實做精神，積極地去改變現狀，破除眼前的障礙，那麼成功之鑰就會重回我們手中。

潛動力金鑰

要迎著晨光奮鬥，不要面對晚霞幻想。

——蘇格蘭散文家：卡萊爾（Thomas Carlyle）

5 珍惜力

唯有一次的人生無法彩排

「有生活理想和實現計畫的人，
就擅於沉默，
沒有這些，
就只好誇耀其詞。」

～埃爾溫・斯特里馬特

Let your life no longer regret

貪婪會掠奪人生原有的幸福

慈禧太后的無盡私欲

慈禧太后作為清朝同治、光緒兩朝的最高統治者，可謂享受了無盡的榮華富貴，僅僅是每日用餐時的菜餚種類竟然都能達到一百種以上。

在她六十歲生日時，不僅在頤和園大興土木，而且還在紫禁城的西華門與頤和園東宮門間的必經之路分設六十段景點。

但是，當時正值中日甲午戰爭爆發，當有人提議停止頤和園工程，停辦景點，轉做軍費時，慈禧卻大怒下旨：「今日令吾不歡者，吾亦將令彼終生不歡。」

她除了讓自己晚年生活過得更奢華外，早就為死後做好了打算，因為不甘心陵墓敗於他人，便花費十三年修建陵墓，其中建築材料的貴重、工藝的精湛、裝飾的奢侈等方面均居於清朝皇后陵寢之首。慈禧下葬時的陪葬品更是令人瞠目結舌，棺木中幾乎聚集了她生前最愛的奇珍異寶。

據慈禧的心腹李蓮英所著的《愛月軒筆記》中記載：「太后屍體入棺時，身著金絲串珠彩繡袍褂。她蓋的衾被上有珍珠縫製成的大朵牡丹花，手鐲是用鑽石鑲成的一大朵菊花和六朵小梅花連貫而成。身旁放金、紅寶石、玉、翠雕佛爺二十七尊……另外，玉石駿馬八尊，玉石十八羅漢，共計七百多件。」奢華之程度可謂是史上絕無僅有。

但是這樣一個生前風光無限，享盡人間榮華富貴的統治者，卻在入葬十九年之後，陵墓慘遭軍閥洗劫一空，曝屍荒野。

慈禧一生重權謀位，重利輕義，縱欲無度，為人苛刻，她的貪欲與自私已經呈現得近乎扭曲，這也讓她成為自己悲慘下場的始作俑者。

她的名望、財富、權位，在她死後消失一空，而她的人生也因其生前的欲望無度而汙跡斑斑，成為中國歷史上一段灰暗的紀錄。

心中的欲望，是人類最原始的本能，它可以激勵我們前行，去追求自己想要的一切，也可以摧毀掉目前我們擁有的一切，完全取決於我們是否懂得好好珍惜。

如果一個人可以利用心中有限的欲求，持續進步，當他已完成階段性任務時，一方面會回頭來珍惜這些得來不易的成果，並善加經營；一方面會為自己訂定未來的目標，埋頭繼續努力。

但如果一個人讓欲望無限的膨脹，那麼再多的成就也填不滿他的胃口，即使曾經擁有的，也因為他毫不留戀的腳步，而逐漸流失。

所以，唯有珍惜，才能立足現在，追求未來，才不會讓功成名就成為短暫的煙雲，也不再為人生留下任何遺憾。

欲求會將我們推向生命的懸崖

什麼樣的人生能夠稱之為成功呢？有人認為只要多斂財，就處處佔盡別人的便宜；有的人認為要得到眾人的認同，於是不分皂白地與人爭辯；有的人認為是享盡榮華，得盡富貴，於是貪念蔓延，不擇手段。

但是，最後他們將自己的人生推向成功的極致了嗎？當然沒有，因為他們把所有的力

氣都花在錯誤的方向上，所謂「最佳」的人生經營策略反而將他們帶到了人生的懸崖。

因為在這些人生策略背後，隱藏的是貪欲無限，自私無極的人生惡態，這種消極和迷亂表面上創造了所謂的「榮華富貴」、「權職位財」，但是實際上是在一點點侵蝕和損耗人生的價值，把人生損毀得搖搖欲墜，近乎空中樓閣，導致生命出現危機。

欲生禍，計生端，貪圖、計較財權名望惹禍端。同樣，做事貪大、急於求成也是人生的禍根。

有人想效仿股神巴菲特（Warren Edward Buffett）一樣征戰股市，但是急於成功，結果慘敗而歸，負債累累；有人想像比爾・蓋茨（Bill Gates）一樣馳騁商界，但是未經思考就創業，結果全軍覆沒，入不敷出；有人想成為如同外交官一樣的交際高手，但是只求友量卻不求友質，結果友多卻無真友，最終孤立無援，人生往返孜然一身，待到危難卻無人相佐，所以凡事貪大均為忌。

貪求會成為人生的印記

一個人如果過於計較個人得失，往往會把精力放在瑣事上，不僅難成大事，而且容易毀情破義，招致事端，阻礙人生的前進。

在清乾隆年間，有一個外地書生進京趕考，首次來到京城之後，一心攻讀的書生覺得京城的熱鬧繁華很新鮮，於是，第二天一早，便興致勃勃地出門逛逛。

在路過大街時，他看到一間書鋪，便直接走了進去，這時離他不遠的一位少年正在掏錢買書，少年拿到書之後，書生發現其錢袋不慎落地，但少年尚未發現。

書生心想：這錢袋裡雖文銀不多，但也夠我花上一陣子，真是天助我也。於是他看四周沒有人注意，便立即把那只小錢袋撿起來，迅速地揣在懷裡，臉上難掩喜色，並要轉身離開，這時書鋪內一位老者看到書生一身讀書人打扮，便走近和他攀談起來，相談甚歡後，書生與老者告辭後就離開了。

後來，書生果然不負十年寒窗苦讀，考取了功名，這讓書生不禁喜極而泣，在上任之前，書生決定先去拜見一下自己的上司。於是他就興沖沖地來到當地的巡撫府，卻被莫名其妙地拒絕了，後來，書生依舊不死心前去求見，沒料到竟是一次又一次地被拒絕。

不明就理的書生只好請同榜登科的秀才代為請託，終於有人帶來了巡撫大人的口諭：「還記得當年在書鋪拾錢一事嗎？做秀才尚視錢如命，倘若做了地方官吏豈不要挖地三尺？我已經向人打聽了你的名字，並且把你的名字除掉，你也不必再來求見，也不用去赴任了。」聽後，書生幡然醒悟，他後悔莫及，但卻悔之晚矣。

人生的福禍其實都掌握在我們自己手中，細流成江海，跬步積千里，把握每一次機會，珍惜自己所擁有的一切，點滴積累人生的快樂、幸福和成功。

潛動力金鑰

想要在股市從事波段操作是神做的事，不是人做的事。投資的密訣在於：看到別人貪婪時要感到恐懼，看到別人恐懼時要變得貪婪。

——**美國股神：華倫・巴菲特（Warren Edward Buffett）**

潛力，開發心中無形的財富

奧運金牌得主的孱弱童年

有一個孩子兩歲時，患上了一種罕見的疾病，這種病會阻礙身體吸收營養，他以後只能透過靜脈注射來吸收養分，因此，他的生長發育開始受到影響，健康狀況也出現惡化。

在醫院裡度過七年之後，他的情況才逐漸好轉、出院。但仍須透過鼻管引流來吸收養分，而他也因插管的怪異模樣，常常受到其他孩子的嘲笑。

為了讓他多多接觸外面的世界，當父母帶著姐姐去溜冰場時，也常會帶著他一起去。

有一次，他看著在溜冰場上自由滑行的姐姐，忽然轉身對父母說：「我想試試，我想我可以。」

這樣的想法讓他的父母非常吃驚，但是為了滿足他的願望，他們還是尊重了他的想法，攙扶著他在溜冰場上滑冰。

令人難以置信的是，他卻從此對溜冰產生了濃厚的興趣，也溜得越來越出色。

在他的心中，身高和體重都不重要，只要站在溜冰場之上，他就擁有超越別人的勇氣，也因此找到了人生的樂趣。

在一次例行的健康檢查中，醫生竟然發現他的身高增加了，這個消息讓他們的家人都感到很高興，而且他的健康也在慢慢地恢復，體力一天比一天更好。

雖然他的身高不到一百六十公分，體重也不足五十二公斤重，但是這並不影響他對溜冰的熱愛，後來更努力成為一個職業的溜冰選手，並在一次世界職業溜冰巡迴賽中，運用一系列高難度的動作征服了所有觀眾。

他就是前奧運溜冰的金牌得主斯科特．漢密爾頓（Scott Hamilton）。曾經身患重疾、沒有絲毫溜冰基礎的漢密爾頓不僅成功地擺脫了疾病的困擾，而且最終擁抱人生的夢想。

人的潛力是無限的，只要被挖掘，便可創造驚人的成績。世界上有些人能夠締造輝煌一生，並非因為他們都是不同凡響的天才，有些人一輩子一事無成，也並非沒有獲得成功的資源和能力，只是因為前者發掘了自己的內在潛力，而後者則封鎖了潛力，只用一般的能力就心滿意足了。

其實人與人內在的潛力並非落差如此之大，不同的只是人們看待生命的角度，面對世事的行動，這些都是需要經由人們後天去努力，並非來自生命的原始潛能，但是這些過程卻能成為激發潛能的良藥，促使人們迸發內在潛能的靈光，發揮內在的能力和智慧。只要用正確的「藥物」去激發自我潛能，那麼每一個人都能創造卓越，輝煌的人生。

珍惜天賦，突破困境

克卜勒（Johahnes Kepler）出生在德國一個貧民家庭，因為是早產兒，他從出生起就身體虛弱。

四歲時，他患上了天花和猩紅熱，經過治療，雖然保住了生命，但是身體卻受到了嚴重的損害，一隻手廢了，視力也變得很差，但是他沒有放棄學習的機會，一邊幫助家裡幹活，一邊堅持努力學習，成績一直都保持名列前茅。

皇天不負苦心人，在他十六歲時，他順利地進入大學學習，此時，卻又再度遭受命運的打擊，他的母親被指控是女巫而入獄，父親也因病去世。面對家庭的不幸，他不僅沒有放棄學業，反而更加努力地投入學習中，憑著頑強的學習精神，他獲得了天文學碩士學位。

後來，在三十三歲的那年，他發現了蛇夫座附近的一顆新星，最亮時比木星還亮。於是他對這顆新星進行了長達一年半的觀測和研究，最終獲得了天文界的肯定，人們以他的名字命名了那顆新星。在他三十六歲時，他又觀測到著名的哈雷彗星，克普勒最終成為世界知名的天文學家。

每個人的生命深處都隱藏著巨大的潛能，只要秉持堅定的信念、執著的精神和堅持不懈的努力，那麼每一個人都將是人生中的成功者，都能超越現在，締造未來，不因一時的困境留下遺憾的人生。

潛動力金鑰

身處逆境時，人類適應環境的潛能會得到激發，一定能夠戰勝任何不幸。

——**美國人際關係大師：戴爾・卡內基（Dale Carnegie）**

把每一次機會都當作最後一次

李安三十年的電影夢

一九七五年，李安從藝術學院畢業後，便前往美國留學，當時他對戲劇和電影非常感興趣，於是他先後在伊利諾伊大學學習戲劇導演，獲得了戲劇學士學位，後來又在紐約大學學習了電影製作，獲得了電影碩士學位。

在大學期間，他在紐約大學及臺灣當局主辦的獨立製片電影競賽獎中獲得了最佳故事短片的金穗獎。當時，突出的李安立即吸引了經紀公司的注意，並表示要將他推向好萊塢。

走進好萊塢是每一個電影人的夢想，對當時的李安來說，更是一次可遇而不可求的好機會。於是他便與公司簽約，把合作當成自己進一步靠近理想的階梯。

但是現實並沒有讓李安看到希望，公司只是要求他寫好劇本，然後再幫助他推銷。

為了理想，他開始夜以繼日地創作劇本，這一寫就是六年，六年中的每一天，他都在為做出好電影而學習研究。

他仔細研究好萊塢電影的製作方式和劇本結構，希望能將東西文化進行結合，推出有特色的作品，於是不斷地揣摩研究劇情和人物心理，構想劇本。

六年之後，他回來臺灣，並拍攝了蟄伏六年後的第一部電影巨作《推手》，這次經歷讓李安的導演人生帶來了全新的突破，電影一經推出就受到了眾多觀眾的肯定和好評，並獲得多個獎項，李安成了導演界一顆冉冉升起的新星。

在接下來的三年中，李安以每年一部的速度推出電影，在電影界的地位日益提高。

一九九七年，李安憑藉電影《冰風暴》的國際呼聲，成功進入了好萊塢一級導演行列。之後，李安再度超越自己，二〇〇六年更以《斷背山》捧得奧斯卡金像獎，在導演界奠定了堅實的地位。

很多人擁有遠大的理想，但是並不是所有人都能實現，有些人終其一生都與夢想隔著無法估量的距離，最終只能將理想束之高閣了。

落實計畫，接近夢想

理想的規畫固然是遠大而宏偉的，但是理想的實現卻應該是具體而現實的。越大的理想，越要從最接近的目標做起。前進夢想，應該先訂定各階段的目標，而不是躺在床上空想。只有將理想付諸現實，才能真正登上理想的高峰，擁有成功的人生。

理想的建立也許並不難，但是理想的實現卻是一個漫長而艱鉅的過程，因為過程需要積累，需要突破，如果我們能夠握緊每一個能夠發揮的機會，就要積極地去爭取、去表現，才能夠離人生夢想更近。因此，當我們抓住實踐過程中的每一秒，就是向我們的人生計畫又邁出了一大步。

向最終的目標推進

人們的理想並不是一成不變的，一個理想的實現往往會推動另一個理想的產生。追求理想、實踐理想的過程，也是一個再度樹立理想的過程，一個人得實踐越多，取得的成就越大，理想的高度也會隨之提升。所以實踐不僅是為了理想，也是為了樹立更高的理想，取得更大的成功。做好眼前的事，其實就是在為逐步壯大的夢想做準備。

其實成功並不在於理想多麼遠大，只要時刻把握自己的人生方向，做好眼前的每一件事，堅持不懈地努力之後，也許你所實現的比原本想像的更加宏大。

所以千萬不要因為理想遲遲不能實現而浮躁不安，把心思放在現實的每一個步驟上，耐心去做。你不僅能一步步靠近理想，甚至還會做出令自己驚歎的成績。

理想是帆，行動是槳。有帆無槳，會讓船自身失去動力，有槳無帆，則會讓船失去方向。想讓帆達到導航的作用，必然要先讓船動起來，讓槳先划動。所以一個人的成功不在於他的理想有多遠大，而是在於他是否有行動。從眼前的每一件小事做起，積極實踐理想，我們才能真正靠近理想，最終抵達成功的彼岸。

潛動力金鑰

只有空洞的夢想家才會置身虛無縹緲之中，而忽視眼前一縱即逝的光陰。

——**法國作家：羅曼·羅蘭**（RomainRollandl）

把興趣作爲努力的起跑點

喜劇之王周星馳

一九八二年春天，不滿二十歲的周星馳因為想要成為一名家喻户曉的演員，所以加入了演員訓練班，希望能夠獲得演出的機會。

剛開始的時候，他常在電視劇中扮演無名的配角，有時甚至沒有一句台詞，但是周星馳並不引以為意。

他利用假日的時間，揣摩經典影片，嘗試寫劇本，鑽研演技，精讀理論，還鼓起勇氣到電影公司投遞報名表，雖然他連老闆的面也沒能見到，卻沒有就此洩氣，他一直在為自己創造時機。

一九八八年的晚上，周星馳在舞廳裡恰巧遇到了一位當時已經非常有名的電影監製李修賢，在簡短交談之後，他在電影《霹靂先鋒》中獲得了一個十分重要的角色。

憑著幾年的跑龍套經歷練就的經驗和對演技的潛心鑽研，周星馳的表現完全看不出是一個新人。這次的演出不僅引起觀眾的注目，更為他奪下第二十五屆金馬獎的「最佳男配角」，因此成了他演藝生涯的第一個轉捩點。

一九九〇年，導演劉鎮偉趁著《賭神》的電影熱潮，邀周星馳與吳孟達搭檔演出《賭聖》，沒想到透過周星馳極具個人特色的表演風格、生動的表情和動作，讓這部成本極低的電影竟然一舉轟動香港，票房收入更是打破了影史紀錄。

從此，這個躲在角落裡的無名演員，終於得到大家的認可，成為人盡皆知的星爺。

看到自己的角色頗受好評，周星馳又從最初的搞笑表演轉向更具深度的表演方式，觀眾越來越能夠從他的表演中看到有關生命、理想、世界的思索和感悟。

此後，他逐漸轉型變成製作人、導演和編劇，這個甘願為一個角色奉獻一生的表演天才，還在自己圓夢的道路中不斷耕耘。

訂定夢想計畫

人生需要經營，生活需要計畫，一個人如果沒有人生方向和生活計畫，就如同在漆黑的夜路行走，感覺不到方向，到處衝撞，也許一生都在摸黑，找不到自己的人生位置。人生的曙光並不是上帝給予的，而是由自己去探求和爭取的。

一個正確的人生方向和一個有條不紊的人生計畫，便是探尋曙光最有效的法寶。凡是那些擁有明確人生方向的人，都能收穫屬於自己的曙光，從一步步的人生計畫中逐步走向成功。

人生有了方向，我們才不會在十字路口中迷惑前行中迷失，而走錯了方向，為自己的人生做出規畫，為自己每天的生活做出計畫，並循著它們一步步實現，這就是走向夢想，迎向無憾人生的秘訣。

所以，我們應該為自己的人生制定好目標，並分階段實現它們，為自己的生活做出計畫，並按時完成它們，做到今日事今日畢，讓自己的生活有章可循，注重每一個細節，做好每一件事，這樣我們才能不斷靠近成功，離理想的生活更接近。

珍惜與生俱來的天賦與興趣

除了訂定計畫的能力之外，更要懂得掌握人生的大方向。許多人之所以會感到一時的迷茫，大多是因為他們在自我的興趣與現實環境中倍受選擇的煎熬。

其實，興趣並非不能當飯吃，而是應該依照實際的情況，去找到落實的計畫，並一步步實踐。如果只是把興趣當做人生的夢想，那麼就浪費了上天賜予我們的原生天賦與感受力，因為你可能會逼自己去從事一點也不擅長的事，最後在人生中得過且過，因為你已放棄興趣能夠帶來的生命力，只好放任人生一再的枯萎、凋零。

所以，如果你仍在選擇人生中的方向，並尚未訂定計畫，那麼就從興趣著手吧！因為興趣可以燃燒我們追求目標的動力與熱情，如果遇到一時的阻礙，也會因為這不是別人逼你硬著頭皮做的，而是發自內心想做的事，而能一路堅持下去，最終喚回快樂又成功的生命價值。

潛動力金鑰

有生活理想和實現它的計畫，就善於沉默，沒有這些，就只好誇耀其詞。

——俄羅斯作家：埃爾溫（Erwin Steven）

第二卷

與改變對話，找回零遺憾人生

「如果人生可以重來，我一定會這樣做……」

可惜人生不是彩排，唯有一次，無法重來。

馬上啟動心中的應變裝置，讓改變付諸行動，

抓回自己人生的主導權，別再跟隨命運轉動！

6 誠信力

讓別人重拾對你的信任

「最危險的人，不是對手，而是人性。」

～鮑伯・奈特

Let your life no longer regret

誠信能夠打開機會之門

尼泊爾的觀光發跡

很久以前，幾位日本攝影師為了拍攝喜馬拉雅山壯闊的景色，於是千方百計到達了尼泊爾，並拍下一張張足以驚艷世界的美景，他們對此行的成果非常滿意。

當第一天的拍攝行程告一段落，大家休息時，剛好遇到一位尼泊爾的少年，於是就請他代買十瓶啤酒，但因尼泊爾的路況險惡崎嶇，當他們拿到啤酒時，這位少年已足足奔跑了三個多小時，只為了買這幾瓶啤酒。日本人知道後，很佩服這位少年的精神，於是就與他共飲，分享晚餐，詢問當地的風土民情，彼此聊得非常熱絡。

第二天，日本人繼續他們的攝影工作，又遇到了住在山下的少年，少年又再次自告奮勇地替他們買啤酒。為了不讓少年徒步跋涉，這次攝影師給了他很多的錢，希望少年可以透過其他交通方式買到啤酒，就不用這麼辛苦了。

但直到第三天下午，少年還沒回來。於是，攝影師議論紛紛，都認為少年是個深諳人性的騙徒，就這樣把他們的錢拐走了。

第三天半夜，攝影師在借宿的小屋中討論工作，突然有人敲門，打開門一看，原來是那個代買啤酒的少年，他看起來面目憔悴、又餓又累，卻顧不得自己的疲態，馬上就把包包中的啤酒交給攝影師。

原來，在當地的市集，他只購得四瓶啤酒，爾後，他又翻了一座山，涉過一條河才購得另外六瓶。沒想到不慎在回途中摔壞了三瓶。於是，他捧著玻璃瓶的碎片，在攝影師面前大哭起來，認為自己有負眾望，並把剩下的零錢全數交還給攝影師。

在這樣困苦的環境中成長，少年卻仍保有誠信的精神，令在場的人無不動容。回到日本後，這個攝影的小插曲就從日本傳開到世界各地，讓許多外國人都深受感動，也帶動了尼泊爾的觀光發展與無限商機。

有些人認為誠信不值得列入成功的要素之中，只有那些到處「揩油」，做事投機取巧的人才是精明的象徵。其實這種追權逐利的處世方式並不是真正的成功，拋棄了真情義理，背叛了親朋好友，違背了自己的良心，一生只得到權力、名利、地位，空有外殼、內涵空洞的人，註定要走向一個失敗的人生。

誠信給生命無盡的回饋

古人說的好：「人無信不立」，這個「信」指的就是個人的「誠信」、一個國家或組織的「公信力」，缺乏公信力的組織就缺乏執行力，戰國時期的商鞅變法就是以誠信作為改革的基礎。

戰國初期，秦國並不是實力最強的國家，不僅地處偏遠，資源也比不上各國。秦孝公繼位之後，為了要使秦國富強，於是聘任了衛國失勢的公子衛鞅，也就是後來的商鞅，負責推行秦國的新政。當商鞅制定好變法的律令後，卻發現百姓對法令的反應冷淡，擔心百姓不相信國家推行新法的決心。

為了增加百姓對政府的信賴，於是商鞅將一根三丈高的木柱，豎立在南門，並貼告示宣告，只要能夠將木柱移到北門的人將會獲得黃金十兩的獎賞，不過百姓都認為天底下哪有這麼好的差事？並不相信這個命令。於是商鞅又將賞金增加到五十兩的黃金。後來，有位民眾認為反正搬動一下木柱也不吃虧，因此就將木柱移到北門去，當下，看守柱子的官吏馬上就獎賞他五十兩的黃金。

消息一下子就傳遍了秦國上下，百姓自此對商鞅的信用不再感到懷疑，所以都很認真的配合政策，秦國的新法也就順利地推行，終於一統江山，完成秦國的霸業。

香港首富李嘉誠也曾說：「你必須以誠待人，別人才會以誠相報。」其實誠信才是最精明的處世原則，誠信為人，才能獲得他人的真誠回饋，誠信做事，才能體味到誠信所帶來的價值和作用。

讓我們運用發自內心的真誠力量，對待身邊的每個人、每件事，就能輕易褪除別人心中的防備與偽裝，因此看見隱藏其中的機會，走出一條坦蕩又光明的幸福人生。

潛動力金鑰

誠實比一切智謀更好，而且它是智謀的基本條件。

——西方哲學家：康德（Immanuel Kant）

一時的投機會讓你全盤皆輸

樸實無華的安徒生童話

丹麥著名的童話作家安徒生（Hans Christian Andersen），有一次帶著一頂破舊的帽子上街。一個專門喜歡諷刺別人的男子看到後，上前嘲笑安徒生：「先生，你腦袋上戴的那是什麼東西？它算是一頂帽子嗎？」

安徒生聽到後平靜地說：「先生，你帽子下面的那是什麼東西？它能算是一個腦袋嗎？」

安徒生的一席話，不僅擊碎了對方惡意嘲諷的小伎倆，也讓一場口舌硝煙散於無形，由此可看出安徒生的坦率與幽默。

安徒生幼時家境貧困，他時常和饑餓打交道。即使在窘迫的環境下，他依舊不放棄心中的希望：成為一個歌劇演唱家，並為此努力不懈的練習。

這在別人眼中成了天大的笑柄，因此他常常受到別人嘲諷，被看作是一個「愚蠢」的瘋子，但是安徒生卻對此深信不疑，即使後來他的嗓子壞了，他對詮釋藝術的熱情卻從未消退。

在一八二二年，年僅十七歲的安徒生便開始了他的創作生涯，最初主要撰寫劇本和詩歌。在進入大學後，他的創作日益成熟，並出版詩集和戲劇，發表遊記和歌舞喜劇，後來多以童話創作為主。

他的作品也因風格的真切、樸實而深受廣大人民的喜愛和歡迎，隨著作品相繼問世，安徒生在文學界的地位逐漸難以動搖。至今在童話的領域仍無人能項背，更被後世譽為「現代童話之父」。

安徒生不用伎倆，卻能使眾人拜倒在他的文學魅力之下。安徒生慣用象徵性的角色向孩子述說人性的原貌，就像是人不可貌相的醜小鴨、追尋真愛的小美人魚。在他的筆下，充滿了最真的良善，更屏棄了虛偽的面具，例如：《國王的新衣》。這種深具啓發性的做人原則，就如同一盞明燈，透過故事的流傳千古，引領著我們的孩子與人生前行。

一時的投機看似能擁攬更多，實則是人生失利的表現。

成功的人生需要智慧。人生真正的智慧並不只限於學術上的知識，更多的是待人處世的道理。如能放棄投機的心理，凡事以誠相待，腳踏實地去努力，最後一樣能等到實至名歸的成功。

真誠才能立足不敗之地

一時的投機看起來很省時省力，但最後反而會讓你花數倍的力氣，也走不到目的地。有時，甚至賠掉了現下的機會，因為不坦誠的處事態度，會讓眾人失去對你處事的信任。以後，就算你費盡心力完成目標，旁人仍會用放大鏡去質疑你是否在什麼看不到的地方又偷工減料，因為你已經失去了做人最基本的條件：誠信。

以誠待人，說起來朗朗上口，但真正把它放在心中身體力行的人是少之又少，絕大多數的人都是「選擇性」的誠信，看人辦事。但這不只是做人的基本信條，成就大業也要持之以「誠」，才能夠永遠立足於在時代之巔。

臺北有一家里仁商店，專門販賣一些沒有農藥的蔬菜水果，住在隔壁的蕙苓是這家商店的老主顧。

蕙苓為了讓大家在夏天也能吃到沒有農藥的西瓜，便在住家附近的空地試種。但是西瓜不好種，失敗率很高，所以她格外小心照料。

經過一段時間後，蕙苓的西瓜種起來了，她好高興，而且竟然種出一千多斤，於是她找了一群義工幫忙採收。當她剖開西瓜要請大家吃的時候，發現：糟糕！竟然不甜。蕙苓想來想去，覺得好苦惱，最後她決定將情形一五一十地跟里仁商店的賴老闆說。

不料，賴老闆竟然照單全收，蕙苓忍不住問：「顧客買到不甜的西瓜就不會來買了，剩下的西瓜你要怎麼處理呢？」

賴老闆說：「里仁商店講究的是『誠信』，所以我會老實告訴顧客，很有可能買到不甜的西瓜。而且我打算把妳辛苦種植的過程寫下來讓顧客知道，即使他們不買也沒關係，頂多我送別人吃。」

蕙苓聽了後，心中又感謝又佩服賴老闆的為人。

沒想到，西瓜一推出後銷路非常好，許多顧客聞風而來，想吃吃看沒有農藥的西瓜究竟是什麼味道。幾天之內就賣光了，還有一些顧客因為沒買到，感到很可惜。「不甜的西瓜」反而為里仁商店的「誠信」作了最好的廣告呢！

一時投機會讓成果消失於無形

清朝的宰相和珅就是不懂得以誠處世的失敗案例。

和珅其實是一個聰明絕頂的人，擁有善辯的口才和靈敏的思維，更曾任《四庫全書》的主編；他曾婉言勸說乾隆皇帝廢除文字獄，這使之後的讀書人對文字少了一些恐懼，間接打開文學的創作領域；他曾花重金請高鶚續寫《紅樓夢》，因此後世有幸讀到了《紅樓夢》的全集。但是，他還是因為投機的私心，終至萬劫不復的地步。

和珅不懂治國統軍，毫無功業，但因懂得迎合乾隆皇帝的喜愛，而能身兼數職，甚至官至中樞的軍機大臣，巨額斂財。

在職二十五年中，和珅收斂各種財富共計十一億兩白銀之多，而且家臣常仗著和珅的威勢，向平民百姓搜括民脂民膏，但因和珅深受皇帝的寵信，百姓與大臣都是敢怒不敢言。

等乾隆皇帝一過世，嘉慶皇帝繼位後，馬上就宣佈了和珅的二十條大罪，其中包括了貪污、洩密、貽誤軍機、假擬聖旨，最後賜一條白綾給他，和珅於家中自盡。

雖然和珅一生享盡榮華富貴，但最後也因極其虛偽的面貌賠上了所有，而他的貪官生涯也成為歷史上的一筆濃重的、永遠也無法抹去的污點。

屢施小計其實代表沒實力

投機不僅是自私的產物，更點出了一個人性格中的弱點，因為缺乏一顆真誠的心與真實的智慧，所以才會用取巧的手段去矇騙世人。雖然成果看似手到擒來，但是一個失德之人，終將會失信於人。

雖然如同安徒生般的坦率、真誠，當下或許會吃一些的小虧，但是卻可以讓你坦蕩為人，專注在自己的夢想落實上，逐步完成人生的志業。

誠信的力量，或許說起來非常動聽，但是唯有當我們發自內心去實踐，用真誠的心去面對世界，面對身邊的每一個人、每一件事，你會發現其實許多人事並不如想像中的如此複雜，更輕鬆快樂的人生也會自然降臨。

潛動力金鑰

狡猾的投機並非真正的明智。它們雖然能登堂卻不能入室，雖能取巧並無大智。靠這些小術得逞於世，最終還是行不通的。

——西方哲學家：培根（francis Bacon）

越膨脹自己的人越沒實力

蕭伯納的人生啟示錄

有一天，愛爾蘭著名的劇作家蕭伯納（George Bernard Shaw）到俄羅斯的莫斯科旅遊時，在街上遇到了一位聰穎又可愛的小女孩，兩人十分投緣，便站在街頭聊了起來。

臨別時，蕭伯納對小女孩說：「回去告訴妳媽媽，今天妳在街上和世界知名的劇作家蕭伯納聊了很久。」

小女孩抬頭望了蕭伯納一眼，也學著他的口氣說：「那你回去也告訴你媽媽，你今天和漂亮的蘇聯小姑娘安娜聊了很久。」

小女孩的這番回答讓蕭伯納大吃一驚，當下就意識到自傲是如此令人感到羞愧的行為。

蕭伯納頗有感觸的說：「一個人不管有多大的成就或地位，對任何人都應平等對待，要保持謙虛。這是蘇聯小女孩給我的教訓，我會一輩子都記得。」

這次的談話也讓蕭伯納發自內心地體悟到每個人之於世界的特殊性，世上並沒有所謂的尊卑貴賤，只是我們內心的空虛膨脹了自己，無形中卻讓別人離我們越來越疏離。

這種想法更加激勵了他為基層民眾發聲的力量，大力主張藝術應該是為了反映社會的問題，讓每個人都有展現自己能力的舞台，而不該只是某些人的獨角戲。

於是他發表了《聖女貞德》、《賣花女》等的小說與劇本，希望藉由閱讀文學的窗口，提醒世人不要忽視社會中弱勢的底層。每個人在生命中都是自己的主角，永遠都要抱持著謙遜的心態，將自己外放的光芒轉化為世界貢獻的力量。

這份對人性的關懷與貢獻，讓蕭伯納藉著《聖女貞德》這部作品在一九二五年得到了諾貝爾文學獎，這不只肯定了他在藝術上的成就，也在鼓勵我們應該去傾聽心中真實的聲音，不要因外在的肯定或批評而動搖，讓自我的生命充實無憾。

自大狂的自卑心理

自我炫耀的心理，源於人類本性中的不滿足，而這種自大所表現出的自卑，也是造成人際關係惡化的一個主要原因。因為自我炫耀是一種空洞的膨脹，是一種對生命意義的扭曲，也是對人格的一種褻瀆和掩飾。

我們常常看到，習慣炫耀自己的人往往缺少真正的朋友，他們用炫耀打造著所謂的個人魅力，用驚為天人的語言為自己鑄造起「高大的形象」，其實所有的炫耀只不過是個虛偽的軀殼，它使人們喪失了感受真實世界的能力，逐漸隔絕了所有與真實有關的人與事。炫耀自我，看似是一種提高個人魅力的方法，其實，它只是一種迫使別人遠離的虛張聲勢。

脫去過度包裝的自我

如果一個常常用物質衡量或其它外在堆砌起自我的人，那麼就代表在那一大堆表徵的背後，其實他的內心既空乏又無助。對於外在的事物，我們永遠都只能當作是生命的賜予，唯有充實內在的靈魂，才能創造不褪的自信。

慣於炫耀自我的人，一生也將流於虛偽、作假。因為他不肯面對真實的自己，所以別人也就更難走進他的心中，更難了解他。這樣的人，即使交友甚廣，卻永遠也得不到一個知心好友，也得不到一份真正的感情。

因為在現實的世界中，所有虛假不實的一切終將破滅、終將被打敗，只有「真誠」能夠戰勝時間的考驗，只有真實的人生經歷才能譜寫感動人心的篇章。

謙遜是對自我的肯定

謙遜不是目的，而是一種對人生的領悟，一種人生極致高度的企及。以謙遜而不張揚的風格處事待人，便能以心靈碰撞心靈，以真誠贏得真誠，看到人與人之間的美好，獲得世界真實而美好的回饋。

在生活中，我們也應保持謙遜的生命姿態，以真誠為友，與人真心交流、誠信為人，不炫耀自己，以恭謙的態度與人相處，做一個自謙之人，這樣我們　才能成為一個擁有人格魅力的人，一個受到別人歡迎的人。

潛動力金鑰

不懂謙虛的人只能有一種辯解：缺少謙虛即缺少見識。

——美國建國元勳：班傑明・富蘭克林（Benjamin Franklin）

以誠待人，以心識人

春秋霸業毀於不識小人

一天，春秋第一霸主齊桓公前去看望病危中的軍機大臣管仲，因當時賢能匱乏，於是他希望管仲能推薦幾個賢能之人，為他分勞解憂。由於一時想不到合適的人選，管仲很是為難。

齊桓公便問：「易牙、豎刁、開方這三人你覺得如何？」管仲聽後深感不妥，對齊桓公搖了搖頭。

原來，原為廚師的易牙為了討好喜好美食的齊桓公，竟將自己剛剛三歲的兒子殺死，做成肉羹給齊桓公吃；原為僕人的豎刁，為了表示對齊桓公的忠心，竟然將自己閹割只為了入宮服侍他；開方為討好齊桓公，不僅放棄了衛國太子的地位，而且父母去世也沒有回去奔喪。

對於管仲而言，這三人都是不仁不義之徒，即使現在看似對齊國一片忠心，終有一天會徇私謀反。

齊桓公對於管仲的人品和眼力，自然深信不疑，但是在管仲死後，又無賢能能夠輔佐，齊桓公常常睡不著覺，最後他還是將易牙等人找回來輔佐朝政，三人就逐漸掌握了大權。

隔年，齊桓公臥病在床，這時，易牙三人便放出謠言，稱齊桓公已不久於人世，而且封鎖了宮廷與外界的聯繫，禁止任何人給齊桓公送食物。

齊桓公看到此景悲嘆：「都怪我沒聽管仲的話啊！」最後，齊桓公竟然被他們活活餓死了。

雖然齊桓公曾任人唯賢，識中管仲，被人稱作開明君主，但卻因一時疏忽了防範身邊的人小，而給自己帶來了滅頂之災。

如果齊桓公能及時認清易牙等人並加以防範，就不會遭遇喪命宮廷之禍，更不會導致齊國的衰敗。可見，疏於防範身邊的小人，便如同替自己的人生埋下了定時炸彈，難保人生不遭遇不測。

學會判別他人的色彩

這個世界充斥著好與壞的元素，與各式各樣的色彩，人、事皆如此。雖然有些事情在我們看來很順理成章，事實上，卻是別人一層又一層精心操作的結果。

雖然我們對人要存以善念，也要以誠待之，即使如此，仍要懂得辨別他人心中的最終意圖。多了解別人心中的想法，或彼此間的利弊得失，並非是為了用來牽制他人，而是用來保護自己。

多觀察身邊環境、人事的色彩，把這些感受放在心中，可以幫助我們對環境的適應力，不會稍稍遇到一些人事的紛爭、角力就會想要轉身逃跑。

相對地，這是引導我們認清現實中的限制，加強我們對挫折的忍耐力，當下次在遇到同樣的情況時，就知道該如何應對，可以處之泰然地持續前進。

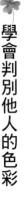

用心感受交流時的真實度

法國作家巴爾扎克（Honor'e de Balzac）曾說：「進入社交界以後，千萬不能被任何事情衝昏頭腦，遇事要小心提防，特別要提防最討我歡心的事。」

在與人交往之時，要用心感受別人與你交往的誠意，而不是憑藉著外表或是其它外在的表徵來決定交往的深淺。

因為當我們一旦以既定價值去判斷人我之間的分野時，就自然地為自己篩選掉了真心的朋友。真心是無價的，而一個能用真誠的態度對待自己身邊的人，才能換得別人真心的回饋，也才能與人建立至誠的友誼關係。

害人之心不可有，防人之心不可無，真正的中庸之道能抵擋蛀蟲猛獸，也可以澆灌滿園鮮花。不為虛假的表像所蒙蔽，也不為一時的利益所誘惑，既能撇除人際關係中的枯木爛葉，也能以真誠的心靈呵護人間的真實與美好。

潛動力金鑰

最危險的人不是對手，而是人性。

——美國NBA總教練：鮑柏・奈特（Bob Knight）

用眞實的一面交朋友

畢卡索的理髮師

在二十世紀法國的一家理髮店裡，理髮師阿里亞斯（Arias）與常去他店裡的畢卡索（Pablo Puiz Picasso）成了好朋友。兩人總有說不完的話，他們就有如親人一樣地融洽自在。

當聽到身邊有人說畢卡索的壞話時，阿里亞斯總會為畢卡索維護聲譽。一次，有人說畢卡索是「吝嗇鬼」，阿里亞斯立刻反駁：「對一個你並不熟悉的人進行攻擊是幼稚和卑鄙的，畢卡索一生都在為藝術奉獻。」

因為熟知畢卡索的阿里亞斯，知道他並不是吝嗇之人，相對地，他總是無私地付出。

有一次，畢卡索帶著阿里亞斯參觀自己的畫室，這位享譽世界的畫家慷慨地對他的朋友說：「只要你喜歡，你可以隨便挑。」而與畢卡索交情甚深的阿里亞斯，在三十年的朋友相處中，得到了畢卡索慷慨贈送的五十多幅畫作。

一九七三年四月八日，九十二歲高齡的畢卡索與世長辭。在畢加索去世後，阿里亞斯將他的畫作全部捐給了西班牙政府，並在家鄉布伊特拉戈（Buitrago）建了一個博物館，以告慰這位畢生摯友的在天之靈。

在這個博物館裡，收藏著一個特別的理髮工具盒，這是畢卡索送給阿里亞斯的禮物，在盒子上烙有他的畫作《鬥牛圖》和親筆題詞：「贈給我的朋友阿里亞斯。」

這個消息傳出後，一位日本收藏家給了阿里亞斯一張空頭支票，希望買下這個盒子，卻被他一口回絕了。阿里亞斯堅定地回答：「不論你用多少錢，都無法買走我對畢卡索的友情和尊敬。」

畢卡索雖然擁有讓人傾倒的才華和登峰造極的藝術成就，但是他只為真實的友誼而結交朋友，正是他的真誠與慷慨，使他擁有了足以信賴終生的友誼，獲得了無價的情感財富。

俗話說：「在家靠父母，出門靠朋友。」朋友是我們人生中的一筆巨大財富，他在我們頹廢時給予動力，在我們迷茫時指出方向，甚至在邁向成功時甘願擔當我們腳下的一塊基石。不少人認為真心為己的朋友總是屈指可數，很多所謂的朋友只不過是酒肉之交。

珍惜對你袒露的朋友

我們能夠擁有龐大而真誠的朋友，關鍵在於我們是否能以真誠的態度對待別人，是否能在交往時保持自己本來的個性，始終以真我示人。

哲學大師巴爾扎克（Honoré de Balzac）說：「坦白直爽，最能得人心。」得人心者得天下，以生命最真實、自然的本性與人相處，便能吸引越來越多的真心朋友，獲得別人的喜愛和尊敬。

畢卡索便是用真心交友的典範。在他去世之後，曾有很多人以專橫、愛財、自私的惡名罵他，甚至把他描寫成「魔鬼」、「虐待狂」，但是理髮師阿里亞斯在巴黎畢卡索博物館所展出的個人資料，讓所有人重新認識了另外一個畢卡索。

最真的面貌才能獲得最真的朋友

真正的友情是無價的，它不為重金所動，不為權貴所惑，是難能可貴並且不隨時間消逝的寶貴精神財富。同時它也需要用無限的真誠去換取，只有用最真誠、最深厚的情感，才能收穫最真誠、最長久的友誼。

一個人的本質不應該被名望隱藏，更不應被權位束之高閣，因為真正的情感只有依託真誠的交流才能獲取，人們只有以坦誠相待的方式相互交流，才能讓心與心交融。所以，無論我們身處何位，都應該表現自己真實的一面，真誠地與人相處，這樣我們才能收到真實的回饋，享受到人與人之間最真切的情感交流，擁有真正的朋友。

坦誠交流是讓人們放下思想包袱，感覺最輕鬆的溝通方式，如果你能以此做為交友的原則，那麼從此你將不再寂寞，因為身旁圍繞著最懂你的知心好友。

潛動力金鑰

交朋友不是靠頭腦靈活，而是靠單純的心意和坦率的性格。

——英國小說家：珍・奧斯汀（Jane Austen）

7 責任力

甜蜜的負荷更彰顯生命價值

「每個人都被生命質詢，
而他只有用自己的生命才能回答此問題。」

~約克多·費蘭克

Let your life no longer regret

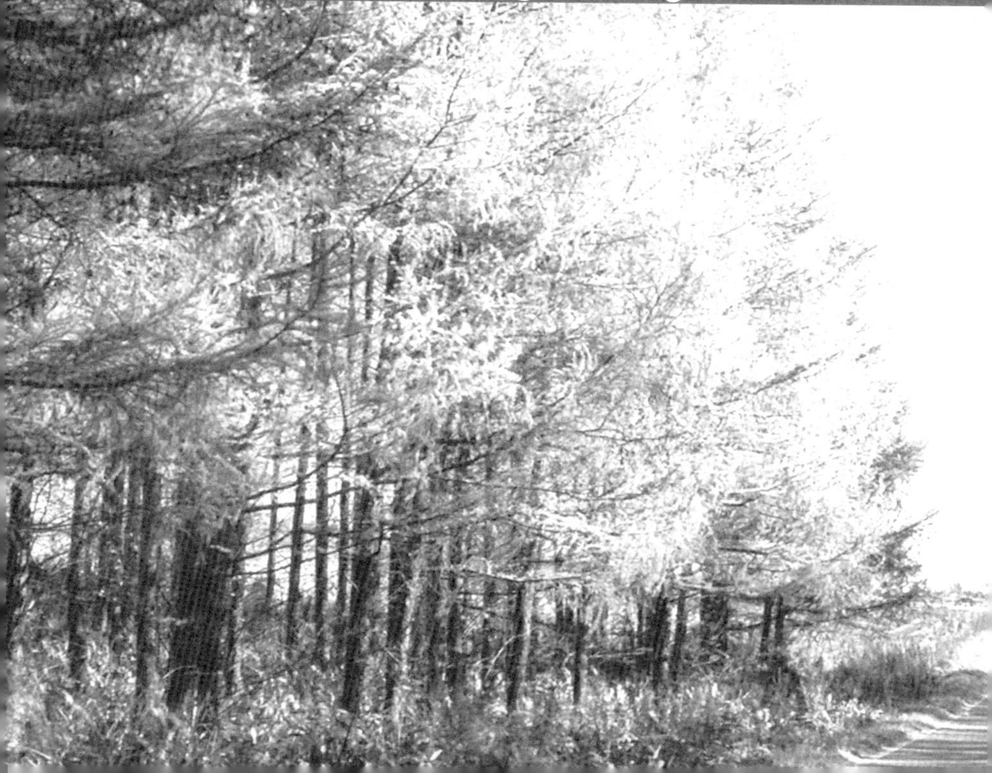

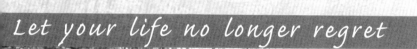

只有你可以對自己的人生負責

雷根總統的機會教育

一九二〇年的一天，美國有個十二歲的小男孩正與他的鄰居踢足球，一不小心，小男孩將足球踢破了鄰家的玻璃。

屋內的老人聞聲後，立即從屋裡跑出來，勃然大怒，大聲責問：「是誰做的？」

這時，所有小朋友都被嚇跑了，只有小男孩滿懷羞愧地走到老人面前，低著頭認錯，並請求老人寬恕。但老人堅持不接受道歉，小男孩只好回家拿錢賠償。

回到家，闖了禍的小男孩怯生生地將事情的經過告訴了父親。許久，父親才冷冰冰的說：「家裡雖然出得起這筆錢，但是你闖的禍，就應該對自己負責。」

沉思一會兒後，父親還是從口袋中掏出了錢，認真地對小男孩說：「我先借你十五美元暫時賠給人家，不過，你必須儘快還給我。」小男孩擦乾眼淚點了點頭，從父親手中接過錢，飛快地跑過去把錢還給了老人，並再一次深深致歉。

此後，小男孩就更少出去玩了。因為他一邊讀書，一邊用空閒的時間打工賺錢還給父親。由於他年紀還小，於是就到姨媽開的餐館幫忙洗碗，有時還會撿路邊的回收垃圾換錢，就這樣一點一滴地把這些錢存進撲滿中，也不再輕易向父母伸手要錢了。

經過好幾個月的努力，他終於存到了十五美元，並自豪地交給了他的父親。

父親欣然地拍著他的肩膀說：「一個能為自己的過錯負責的人，才能真正體悟責任的意義與對生命的改變，你將來一定會有出息的。」

數十年後，小男孩果然成為美國的第四十任總統——雷根（Ronald Wilson Reagon），直到今日，他仍是美國人心中的最好的總統之一。

說到優秀員工的特質之一，許多老闆第一個想到的就是責任感。的確，一個懂得對工作負責的人，才能夠委以重任，在工作中發揮引導團隊前進的力量，圓滿完成任務。其實，不僅僅是工作，當一個人有了責任感的驅使，對於生命中的任何層面都會積極以對，遇到挫折也會努力克服。

責任感使人更加珍重生命

責任心強的人不僅受人尊重，而且健康狀況也更好。據英國最新出版的《兒童科學》雜誌報導，荷蘭科學家發現做事負責、和藹可親的人，會更在意自己的健康狀況，因此更長壽。

芬蘭的國家公共衛生研究所埃羅卡・簡蒂博士及其同事在一項研究中發現，出生時體重較輕的孩子與家人在一起生活的時間更長，獨立的時間更晚，但是他們的健康壽命卻普遍偏高。

在排除了出生體重的影響後，研究人員發現，這是因為他們從小經常與家人、朋友在一起的時間長，性格謹慎，做事認真負責，所以雖然他們獨立生活的時間晚，但吸煙、酗酒、過早發生性生活的機會也少。

接下來在另外一項專門研究中，科學家對受試者的性格進行了分類，並檢查了他們的健康狀況，預測了他們的壽命。

結果發現，責任心強的人不僅對生活和工作負責，對自己的身體健康也更關注，他們的健康狀況更好，患上慢性病的機會大大減少。負責的心態不只讓人們更重視健康，也更珍重生命。

責任是對心靈的拷問，負責則是對心靈最好的答謝。負責不是隱忍，而是欣然接受；責任不是負擔，而是一種享有，一種榮譽。生命以負責的姿態挺立於世，才能眾攬世界的風采，挖掘生命深處的寶藏。

責任心其實是每個人生命中不可缺少的重要部分，一個害怕承擔責任的人，就像一個永遠長不大的孩子，不僅能力無法發揮，也只能坐在原地繼續作夢；如果能以負責任的態度面對工作，面對生活，就會懂得適時承擔，讓生命不斷進階，找到屬於自己的夢想人生。

潛動力金鑰

每個人都被生命詢問，而他只有用自己的生命才能回答此問題。

——英國作家：維克多・費蘭克（Victor Feilank）

有限責任帶來的超級執行力

永遠超乎預期的主播陳雅琳

當我們看見螢光幕前光鮮亮麗的主播與專業的報導時，其實這些成果都是新聞從業人員努力收集資訊後的菁華濃縮。因為媒體競爭、記者角逐的情況非常激烈，所以要從幕後熬到幕前，通常必須經過一段艱辛又不為人知的歷程，三立新聞台的當家主播陳雅琳就是其中之一。

二〇〇五年三月的某個凌晨，剛好發生了罕見的大地震，當時電視台的總經理李濤馬上打電話回公司，想看有誰可以馬上處理這個即時的新聞。

那天陳雅琳是在做「新聞在哪裡，陳雅琳就在哪裡！」的外景新聞剪輯工作。她剛從合歡山播報下來，正在處理清境農場拍攝的畫面。

凌晨三點還在公司剪帶子的陳雅琳，手邊的片子剛剪到最後一個畫面，地震就來了，她馬上接起李濤的電話，隨即化了妝就坐上主播台為大家播報第一線新聞。

在跑前總統李登輝新聞的時期，她必須天天清晨五點起床，跟著選戰到處跑，甚至創下連續二十二個小時現場轉播的紀錄。

有一次，達賴喇嘛在國外舉辦記者會，別台都有通行證，只有她沒有，於是陳雅琳只好低聲下氣地拜託同業出讓一張證件，又怕被拒絕而希望落空，於是又央求代表處申請證件，沒想到後來竟得到了三張通行證，讓陳雅琳順利完成轉播。

現在，只要陳雅琳出現的現場，同業們第一直覺就會想：「是不是發生什麼大新聞了？」

對於工作，陳雅琳總是希望「做得更多」或是「盡力到完全不行為止」，就是這種對工作負責、更對自己負責的精神，為她贏得了「新聞阿信」的美譽，於是她一路從記者、主播、製作人升到了總編輯，甚至帶領自己的新聞團隊把收視率拉升到第一名。

心懷責任的員工，不會將工作當作一種額外的負擔，反而會將它當作對自己生命負責的一部分，並將負責的態度帶進生活，最終成為要求自己的一種習慣。

工作對人們而言，本來就不只是一種物質生活的保障，更重要的是，它提供了我們發揮所長，從中砥礪生命而成長的一種途徑。

責任是源於對生命的使命感

在二十世紀初，一位名叫弗蘭克的義大利人舉家搬遷來到美國，經過艱苦的奮鬥，他用自己的全部積蓄開設了一家小銀行，漸漸地，他與家人的生活走上了正軌。但是他怎麼也沒有想到銀行會遇到搶劫，裡面的全部資金一下子被洗劫一空，弗蘭克破產了，存戶也失去了辛辛苦苦存下的血汗錢。

弗蘭克在沉澱思緒之後，決定要償還那筆天文數字般的存款。人們都很驚訝問他：「這件事不是你的責任，你為什麼非要這樣做呢？」

他斬釘截鐵地回答：「是的，在法律上也許我沒有，但在道義上，我有責任，我應該還錢。」

就是這一句話，讓弗蘭克付出了三十九年的鉅額貸款，在經歷了幾十年艱苦的生活，並寄出最後一筆「賠償款」之後，他一下子如釋重負，大聲感慨：「現在我終於無債一身輕了。」

弗蘭克為存戶的損失擔負責任，其實更是一種對自我生命的負責。負責的本質在於得到心靈的淨化，而並非僅金錢、物質所能企及，用負責的態度對待生命，對待人生，便是對得起生命的價值。

重新檢視自己，要求自己

相對於許多背負「卡債」的人們，無限的消費慾望，既消耗了正確的價值觀，又失去了應有的責任感，日復一日惡性循環下去，再多物質的快樂也抵不過對心靈的消耗。

但是，每個人都擁有選擇的機會。不論你是背了多少錢的信用貸款，只要能逐漸扭轉自己的心態：「不屬於我能力範圍的，我絕不消費。」就一定能找到解決問題的方法，重新找回那個無債一身輕的自己，重新對自己的人生負責。更重要的是，從此以後都要堅定消費的原則，至少要做到「收支平衡」，才不用回到提心吊膽的日子。

要有責任心，而不是工作狂

除了金錢觀外，發自內心的責任感還可以替我們矯正許多錯誤的生活態度。

如果我們可以將責任感實現在工作領域中，就會呈現出更有實效的執行能力，而不僅僅只是敬業而已。因為許多聲稱對工作「敬業」的人，實際上，只是用十二分的力氣完成了三分的事情，卻未達到原先預期的成效，但自己卻已經累得跟狗一樣，除了工作而偏廢了生命中其他更重要的事物，最典型的案例，就像是《穿著Prada的惡魔》電影中的時尚總編，即使她擁有了讓全世界女人都稱羨的工作、名聲、財富，卻也失去了愛情與親情。這是一種犧牲，而非責任使然的敬業。

真正的責任感，會將你的生命順勢推向更高的層級，而不是失去。

許多人會問：「但我一天只有二十四小時，平時處理工作就已分身乏術，哪有時間再去兼顧其他呢？」事實上，是可以的。只不過我們一直在以否定的聲音催眠自己。

這種「不平衡生活」的問題就出在一般人對「責任感」的認知上。因為，正確的責任感是「有限責任」，而不是「無盡責任」。以下幾個方式可以幫你提昇工作的最佳效能：

◆信任你的同事、屬下，確實完成工作移轉與執行交代，管理必須抓大放小，管你「責任範圍」內的，執行的細節有時候真的不干你的事。

◆決策與執行一定要採行效益導向。當一個公司擁有太多「約定俗成」的程序時，它的效益就被扼殺了。工作者必須了解跟接受「最好的方法不只一種」的觀念，花點時間動腦「如何做最有效」，再用「最省的時間」執行。

◆明明就「做不到」的事，不要說「做得到」。有時候，過多的責任心反而會替自己原有的工作表現大打折扣。在說「做不到」之餘，要進一步向委任者想其他的因應之道，或是請他提供你必要的資源，讓這件事從不可能變成可能，這才是老板最愛聽到的回答。

不論工作或是生活，負責的態度都能為我們的人生帶來更充實、寬廣的道路，只要你能夠嚴加執行，不要預支自己的未來，這種態度將會由內而外的改變許多事情、甚至命運，帶你走向一個超乎預期的人生。

潛動力金鑰

人們可以支配自己的命運，若我們受制於人，那麼錯不在命運，而在自己。

——英國詩人和劇作家：莎士比亞（Williarn Shalcespeare）

王品只款待心中最重要的人

用心把每件事做到最好

二〇〇七年，王品集團再度蟬聯台灣最大的餐飲集團寶座，以四十三億新台幣的營業額遠遠地勝過了晶華酒店、統一星巴克等國際品牌。

許多人對王品的共同印象是服務很貼心，但是你可能無法聯想到，他們的作業流程是取經自「麥當勞」的員工手冊。

王品集團的訓練總監張勝鄉在一九九六年引進麥當勞的「工作站觀察檢查表」，再融入王品的企業文化與價值觀，落實為旗下所有餐廳的產品製作以及替顧客服務流程的管理標準，這就是標準化流程（SOC）。

但既定的工作流程其實只佔了工作標準的五分之一，為了避免員工只是遵循工作流程照表操課，王品還另外添加服務業應有的

「外型與內心」、「動作流程」「敏感度」、「團隊精神」及「其他注意事項」五大要點。

此外，更根據旗下八個連鎖品牌的市場定位、品牌形象不同，而做工作流程上的微調，好讓同樣的顧客到不同的品牌餐廳用餐時，都能感受到差異化的優質服務。

例如：王品的服務生必須在客人「入座一分鐘內，送上冰水和菜單」、「點餐後三分鐘，就要送上熱麵包」、「水杯的水少於一半時，一分鐘內要加水」。種種的貼心服務，都是希望傳達出「款待心中最重要的人」的理念。

二〇〇九年，受到消費者荷包縮水的影響，餐飲業的年度業績約下滑二成，只有王品集團能夠保持逆勢上揚，年營收突破五十二億的驚人數字，就是用這份「感動」顧客的心，持續經營品牌形象，才能將王品的精神深植人心，將集團推向餐飲業的龍頭寶座。

做工作就像蓋房子，如果蓋房子時只是一味地埋頭幹活，但卻不夠用心，不夠專注，可能只能把房子蓋完，但不一定能蓋成又堅固又美觀的房子。

同樣，只用力卻不用心地工作，往往也只是表面上完成了工作，卻不一定能完成得當，即便看似完成了任務，也可能會顯現出一些無法彌補的缺漏。

意念影響成效

民間曾流傳著這樣一個小故事，一個小和尚被主持安排擔任撞鐘一職，他每天都按時撞鐘，從來沒有出過差錯，做得十分認真。但是半年之後，他忽然被主持叫去，並被告知不能再繼續擔任撞鐘一職，被調到後院去劈柴挑水。

小和尚疑惑地問：「為什麼我不能再繼續撞鐘了？」

主持說：「因為你無法勝任這個工作。」

小和尚聽後很不服氣，便反問：「我撞的鐘難道不準時、不響亮嗎？」

主持語重心長地對他說：「你撞的鐘雖然很準時、也很響亮，但是鐘聲空泛、疲軟，沒有感召力。鐘聲是要喚醒沉迷的眾生，而我卻沒有聽到這樣的聲音。」

小和尚沒有帶著一顆希望「喚醒眾生」的心去撞鐘，所以不能以鐘聲喚醒眾生之心，這種弱點是無論怎樣賣力也無法達到的。因為力道不知輕重緩急，只有心靈可知，唯有敲擊入心，行隨心動，力道才會從心而來，以鐘聲為介，傳入眾生之心。

用心才會專注行事

用心與用力只一字之差，卻會帶來截然不同的結果。失去心智的支撐，再多的努力也是徒勞，凡事只有用心努力才有成果。專注是挖掘潛能的唯一武器，也是獲取成功的不二選擇，用心做事才能做好事，以專注的心神投入工作，才能真正做好工作，充分展現自己實力，獲得肯定。

潛動力金鑰

過程是自己的，結果才是別人的。努力做事只能完成任務，用心做事才能做好每一件事。

——法國文學家：舒凱（Chouquet）

創造自己的幸運時機

總是主動出擊的迪士尼

迪士尼公司的創始人華特・迪士尼（Walter Elias Disney），從小就表現出非凡的繪畫天賦，十八歲時，他到一家廣告公司應聘，不僅得到了自己的第一份工作，同時也結識了自己人生中的重要合作伙伴尤比・愛沃克（Ub Iwerks）。

迪士尼創意非凡，愛沃克畫技超群，於是他們共同成立了一家公司，積極地分工合作，想要就此開展屬於自己的事業。

在一段時間裡，愛沃克拿著老鼠草圖反覆繪畫，每天畫圖超過七百張，於是誕生了風靡世界的動畫米老鼠（Mickey Mouse）。

米老鼠的出現讓迪士尼投資的公司大賺一筆，他對創業的追求終於獲得了回報。但是就在迪士尼正在為自己的選擇慶幸時，愛沃克卻被他其他合伙人挖走了。

愛沃克走後，迪士尼繼續經營著自己的公司，雖然在之後的三年裡沒有推出過一部米老鼠的動畫作品，但是他一直都在主動尋求公司的各種發展機會，並相繼推出了多部膾炙人口的電影作品，例如：唐老鴨，公司越做越大。

一九三三年，當電影製作公司還在為黑白動畫忙碌時，迪士尼早已用具有前瞻性的眼光看到了彩色動畫才是未來動畫的發展方向，於是他再次向動畫界發出挑戰，成功地推出了第一部彩色動畫片：《白雪公主》。

隨著迪士尼的不斷創新和追求，迪士尼公司已經發展成了一家頗具規模的電影製作公司。在隨後的幾十年裡，迪士尼公司更是在世界各地開辦分公司，建設主題樂園。

如今，迪士尼早已紅遍全球，米老鼠的形象更是深入人心。迪士尼邁出的每一步都具有前瞻性和突破性，他的每一次突破都是主動出擊的結果。

古人講「天時、地利、人和」中的天時，其實就代表著機遇。對一個人來說，抓住自己人生中的機遇是非常重要的。但是抓住機遇並不是守株待兔的結果，萬事萬物的產生都源於創造，機遇也是如此，它不會隨意降臨人間，獲得機遇的人，往往都經歷了艱苦的創造機遇的過程。

機會就掌握在自己手中

說到創造機遇，就不得不提到主動，主動性是獲得機遇的決定性條件。一個人主動爭取的過程，其實就是潛移默化之中吸引機遇的過程。

俗話說：「機遇總是留給有準備的人的。」

機遇的產生其實很少有絕處逢生的驚險，很多時候都是在循序漸進中來到的，機遇的獲得也並非在一瞬間，而是一個長期累積的結果。

工作就是一個重要的途徑，在工作中有主動性，才會有機遇，有機遇，才可能帶來成功。但工作的目的並不僅僅為了獲得物質、地位，更重要的是要實現個人價值，發揮潛在的能力，並持續精進，這才是我們從工作中得到受益終生的寶貴資源。

成為工作崗位內最優異的人才

作為十九世紀下半葉中國商界的風雲人物，胡雪巖有著離奇的生命歷程。他生逢亂世，借助權貴政要之勢，創造了億萬家財。

據後人調查，在胡雪巖最「牛」的清同治十一年到光緒八年（西元一八七二年～一八八二年）間，他經營的「阜康錢莊」店鋪在全國約二十多家，且多集中在中國最富庶的江南一帶，當時胡雪巖的身價就已高達兩千萬兩白銀，以清朝白銀換算成今日的價值，約是四十億以上的人民幣，也就是約兩百億以上的台幣，如此快速地累積財富的方式，時至今日仍非常驚人。但胡雪巖是如何辦到的呢？

胡雪巖評述自己的一生時，曾如此說過：「吾行商之順，緣於能與機遇時勢並行走也。」時勢是機遇生根的土壤，能夠掌握先機者，就可以輕鬆地日進斗金。

除了完成責任範圍內的工作，更要積極地向上級回報自己努力的成果，努力地為自己打造專屬的機會，理想就會一步步趨近。

潛動力金鑰

弱者坐失時機，強者創造時機，沒有時機是愚者最好的供詞。

——**波蘭物理學家：居禮夫人（Marie Curie）**

工作重在執行，執行重在到位

凡事執行到位，才能創造效益。世界著名的跨國企業麥當勞（McDonald's Corporation）便是一個典範。

追求完美與速度的麥當勞

麥當勞的作業手冊有足足五百六十頁，從進貨、製作，再到服務，每一項都遵循嚴格的品質標準，在職的每一位員工都要根據各自的職責標準一絲不苟地執行。

在麥當勞的員工手冊中寫著：「一片牛肉餅需要經過四十多道品質控制檢查嚴格把關；乳製品在接貨時溫度不得高於攝氏四度，如不能符合就要退掉；生鮮菜類只要從冷藏庫裡拿出超過兩個小時，就要扔掉；麵包切得不整齊便不用；炸薯條只要超過七分鐘、漢堡超過十九分鐘就被視為過期食品，直接扔掉。」

公司創始人雷・克羅克（Ray Kroc）曾說：「如果你想經營出

色，就必須使每一項最基本的工作都盡善盡美。」這種深入各個環節、流程的到位執行，帶來的不僅是滾滾財源，更多的是消費者的信賴和安心。

工作成果是衡量工作能力的最終標準，好的工作成果，我們才能尋求到更好的工作發展機會，也才能更加發展個人智慧和能力價值。當然我們每個人都希望獲得好，很多人甚至為工作制訂很多計畫、方案，但是有時無法獲得希望中的成果，其實這就是因為未能有效執行。

注重每一個流程的準確度

有效執行並不僅僅在於照章辦事，更在於是否能挖掘出計畫中的意義，做好其中的每一點。工作就像蓋房子，不僅需要打好地基，構好框架，也需要壘好每塊磚瓦，當地基打好、草圖畫好之後，最重要的就是如何把房子蓋起來，並且盡可能蓋得結實美觀、毫無疏漏之處。這就涉及執行的問題，磚瓦壘砌得恰到好處，結實緊密，處處留意，磚磚到位，不僅可以使房子承風接雨毫不動搖，還能以美觀、考究的外觀吸引人們的注意，使房子得到更廣泛的使用。如果將工作計畫比作地基框架，那麼執行計畫的過程便如壘砌磚瓦，執行到位，毫無疏漏，才能完滿作結，反之，即便基礎打得再牢固，計畫做得再精闢獨到，也將收效甚微，甚至還可能釀成大錯。

執行就意味著一種責任，它不僅需要履行工作計畫，更需要承擔工作最終結果帶來的種種影響和可能導致的後果。與計畫的統領性和前瞻性不同，執行應該更加厚重、實際、全面、細緻、深入，執行的過程就是在潛移默化中呈現結果，如果執行的過程忽略其中任何一個因素，那麼都有可能造成不可預料的結果。

執行不到位會招致嚴重失誤

二〇〇八年的毒奶粉事件就為我們敲醒了警鐘，隨著消費群體的不斷增加，內陸乳製品市場亟待擴充，為了快速擴大市場，三鹿採取快速的產銷流程，在進行奶源收集時疏於管理，在生產過程中為降低成本偷工減料，結果造成了「毒奶粉」的惡意散播，多名幼兒因此受害，這是三鹿砸鍋賣鐵也難以挽回的損失。

因此，先前在中國曾多年蟬聯中國內地乳製品市場首位的名優乳品企業的三鹿，聲譽瞬間一落千丈。相關部門的疏於管理和三鹿企業內部管理者的失職，其實都是執行工作未到位的表現，更可以說他們的執行工作做得漏洞重重。

執行並不是一個輕鬆的過程，它是責任的象徵，這個思考與結果之間的重要承接如果完成不好、做不到位，就會牽扯到太多方面，波及無數前因後果。

做生意如此，工作亦如此。俗話說：「麻雀雖小，五臟俱全。」不管一項工作規模如何，它都是值得我們深入執行的。對每一項工作都給予重視的態度，都秉持執行到位的工作作風，可以培養一種良好的工作習慣，不斷提升工作中的責任感和使命感。你承擔的任務有多大，也就意味著你將發揮多大的潛能，你在每一項任務中都執行到位，你才能真正兌現這些責任，發揮努力的價值。

潛動力金鑰

即使看似渺小的工作也要盡最大的努力。每一次的征服都會使你變得更強大。如果你用心將渺小的工作做好，偉大的工作往往就會水到渠成。

——**美國人際學大師：戴爾．卡內基（Dale Carnegie）**

8 說話力

告別言語傷害，聚焦溝通核心

「當一個人對你提出要求的時候，他心中就已經預備好兩種答案，所以你給他任何一種答案都是意料中的。」

～三毛

Let your life no longer regret

態度決定溝通的勝負

凝聚人心的艾森豪總統

在第二次世界大戰後期，艾森豪（Dwight David Eisenhower）在歐洲擔任盟軍的最高指揮官，當時他正率領盟軍準備發動一次大規模的進攻。

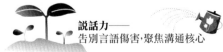

一天傍晚，他在萊茵河畔散步，忽然看到一個表情沮喪的士兵迎面而過，於是艾森豪便關切地問：「你還好嗎？孩子。」

那個士兵非常不耐煩地說：「我煩得要命！」

聽到士兵的回答，艾森豪沒有絲毫不悅，反而說：「你跟我真是難兄難弟，因為我也心煩得不得了，這樣吧，我們一起聊天、散散心。」

身為一個全球盟軍的最高指揮官，面對士兵的不屑之語竟然能回答得如此和藹平靜，沒有任何架子，這是一種說話的藝術，更是一種做人的智慧。而艾森豪正是用這種堅定、鎮靜而又平等待人的態度，贏得了人心。

因為能夠凝聚軍隊的士氣，所以他率領的軍隊總是在戰場上表現得十分英勇，立功無數。

成為美國總統後，他也是深受人們的喜愛，即使是已經離開人世了，依舊是美國最尊崇的總統前十名。

要想在交際中受歡迎，莫過於拉近別人的心，話語真誠而溫和，達到目的卻又毫無尖銳之感，哪些話該說，哪些話不能說，這是一個需要不斷斟酌的過程。

但是如果無法調整好心態，即便是運用再多的語言技巧，也會顯得不自然。好比一個人被別人踩了一腳，在心裡一直抱怨，臉上卻掛著微笑，那微笑難免會顯得生硬。所以在練就語言技巧的同時，我們還必須具備一個正確的心態。

溝通的態度與用詞同樣重要

因為心情不佳而無意隨口說出傷害對方的話，因為一句不合時宜的話而讓交流氣氛變得緊張、尷尬，因為別人的一句玩笑而動怒還擊。有時候，有些人甚至根本沒有意識到說出去的話有什麼問題，但給別人造成了實質性的影響，造成他人的反感而不自知，甚至還會覺得，自己待人真誠、毫無惡意，但是為什麼不受歡迎呢？

俗話說：「說出去的話，就是潑出去的水。」說出口就覆水難收，一旦說錯了話，時間就不會再給我們重來一遍的機會，即便是我們深有悔悟，至多也只能去做彌補，何況說錯了話所造成的人際裂痕，並不是通過彌補就能修復的。

應聘者在面試時因為一句話沒有仔細斟酌，也許就失去了一個嚮往已久的工作機會；好不容易與自己心儀的對象約會，也許就因為一句話不中聽，而被拒絕；談判時，也許就因為一句話沒有說好，就使生意泡湯；主持活動的人說錯了一句話，可能就導致整個活動失敗。

一個人不懂得如何說話的人，不僅不受歡迎，而且很多事情也辦不好。說話是一門藝術，一個人說話收放自如、溫厚博學，能讓與他交談的人如沐春風，如飲醇醪，這種表現不僅是一種學識、修養與品味，更是一種做人的智慧。

用幽默化解尷尬

美國鋼琴家波哥雷里奇（Ivo Pogorelich），有一次到密歇根州的福林特城演奏，但是他發現全場觀眾很少，對於一名鋼琴家來說，沒有比得不到觀眾認可和欣賞更痛苦的了。但是他卻非常從容地走上舞臺，對觀眾們說：「你們福林特城的人一定很有錢，你們每個人都買了兩個座位的票。」接著，全場的氣氛都被炒熱了。

身處社會，我們難免要經歷各種人情世故，人生中有掌聲和鮮花，也難免會有失敗和落寞，被誤解、被冷落、被打擊、被忽視的時候，其實這都是不可避免的情景。

但解鈴還需繫鈴人，唯一能夠打開我們心結的，就是我們自己。用良好的心態面對生活，拋除壞情緒的干擾，簡單的幾句笑話就能帶我們遠離傷痛。重拾人生的笑聲與快樂。

潛動力金鑰

不要想到什麼就說什麼，凡事必須三思而行。

——英國詩人與劇作家：莎士比亞（William Jhakespeare）

用最少的話語說服對方

帕格尼尼的機智問答

一次，義大利知名的小提琴家帕格尼尼（Niccolò Paganini）雇了一輛馬車，準備到劇院去演出，眼看演出時間越來越逼近，車伕卻還是氣定神閒地慢慢行進，他就忍不住要求車伕快點趕路，才趕得上開演的時間。

趕路時，他問車夫：「我該付給你多少錢呢？」

車夫回答：「十法郎！」

聽到這個數字，帕格尼尼吃驚地說：「你開什麼玩笑？」

車夫又說：「你今天演出門票的價值不是十法郎嗎？而且你還只用一根琴弦拉琴。」

這時帕格尼尼回答：「好吧，我付你十法郎，不過，你能不能用一個輪子把我載到劇院？」這句話問得車夫頓時啞口無言。

這句關鍵的回答不僅幽默風趣，並無不禮貌的意思，而且毫不給對方回擊的機會，回絕得徹底而有力。

當我們說服他人時，往往就有類似幾句語言具有決定性的作用，但是在說服的前期，有些人又可能因不得要領而繞了很大的圈子，最後才總結出了那幾句說服力強的話。結果雖然說服了對方，但是卻因喋喋不休而給了對方不好的印象，所以及時找到那些最有效果和價值的關鍵語言，對我們來說非常重要。

最簡短的語言卻最有力

我們在觀看辯論賽時可能會發現，有些人一番唇槍舌劍，舉例無數，但是結果卻失敗而歸，有的人只是寥寥幾句，明確點題、切中要害，就獲得了辯論的勝利。辯論就像作戰，辯論成敗的關鍵不在於說話多少，而在於掌控局面的大小，只要掌握局勢令對方無機可乘，那麼自然能取得勝利。

當我們想要說服他人時，往往有幾句關鍵性的語言足以決定最後的結果。

但在一般的情況下，一旦我們想要用各種詞語搏倒對方的時候，卻想不到最合適、最犀利的用字，所以就一直繞著話題打轉，甚至用沒營養的言語攻擊對方，最後因喋喋不休而失去了當初溝通的意義。所以，及時找到最有效果和價值的關鍵語言，就決定了溝通的成效。

俗話說：「事實勝於雄辯。」以事實說服人的確是一個很高效的方法，人們總是會在現實面前折服。

但是並不是真的要拿出各種實例去說服他人，而是利用巧妙的語言引起對方對現實的反思，用最簡練的語言引導對方去認識到最核心的現實問題。

氣焰越盛，溝通的成效越差

用最精簡的語言表達最有力的事實觀點，而這種觀點一定是離兩個人最近的事實。在說服對方的過程中，我們常常會犯一個錯誤，總是有一股不肯認輸的勁兒，其實很多時候，正是在這種狀態下，我們始終找不到解決問題的關鍵。

所以在試圖說服他人時，我們不僅要注重辯論本身的方法，還要注意說服的態度。

在發現自己的觀點有漏洞或是錯誤時，我們不妨大方地承認，因為如果這時還一味地保持不服輸的姿態，其實恰恰就是一種承認失敗的表現，而且這種態度會令我們更不受歡迎。

說服他人不是用氣勢取勝，而是用姿態奪冠。

如果你的說服真實有力，而不是一味地強調氣勢，那麼你就能慢慢抬高姿態，在潛移默化中掌控全局，而說服對方，在與人交流中時常鍛鍊語言的簡潔性和有力性，不僅能給人們留下乾脆俐落的好印象，也更能令人信服，受人歡迎。

在溝通時，要時刻提醒自己，成功地說服他人不是最終目的，而是希望交流彼此對同一件事情的觀點。如果能夠以這種角度出發，你的言語會更貼近情況、直指人心，輕鬆地就能達到溝通本身的價值。

潛動力金鑰

要使人信服，一句言語常常比黃金更有效。

——希臘哲學家：德謨克利特（Demo Critus）

喜歡開玩笑≠具備幽默感

林肯的幽默趣談

美國第十六任總統林肯（AbrahamLincoln）十分受到美國民眾的愛戴歡迎，威信極高，政績斐然。他正直、仁慈的性格，敏銳的洞察力和深厚的人道主義，使他一直都是美國歷史上最受敬仰的總統之一，其中幽默、風趣的個性，更是人民傳頌不以的特點。

一次，一個婦人找到林肯，並理直氣壯地對她說：「總統先生，你一定要給我兒子一個上校的職位。我們家族應該享有這分榮耀，因為我的祖父曾參加過雷新頓戰役，我的叔父在布拉敦斯堡是唯一沒有逃跑的人，而我的父親又參加過納奧林斯之戰，我丈夫是在曼特萊戰死的，所以……」

林肯聽完後，懇切地說：「夫人，你們一家三代為國服務，對國家的貢獻實在夠多了，我對你的家族深表敬意。現在你能不能給別人一個為國效命的機會？」婦人聽後無話可說，便悄悄離開了。

又有一次，林肯要到城裡去，這時一輛計程車從他身邊駛過，林肯抬手示意停車，並恭敬地對司機說：「先生，請問您能否幫我將這件大衣捎到城裡去嗎？」

司機說：「當然沒問題。不過我如何再將大衣交還給您呢？」

林肯笑著說：「哦，這非常容易，我就打算把自己留在大衣裡了。」林肯的幽默徹底折服了司機，於是順利地搭上便車。

林肯當上總統後，常常自己擦皮鞋，恰巧被一個外國外交官看到了，於是外交官問：「總統先生，您竟然擦自己的皮鞋？」

林肯表現出詫異狀後，馬上回答：「對啊，難道你擦別人的皮鞋？」

正是這種幽默、睿智的做人之道，幫助林肯在美國公眾心中建立了一個高度威信的形象，這種潛移默化的影響，不是一般政治家靠單純的職權和政績就能得到的。

亂開玩笑會削弱別人對你的信任度

生活中的快樂來源於人們的創造，沒有人會拒絕這種快樂，能夠創造快樂去感染別人的人，往往更受人歡迎，在生活中做一個幽默、風趣的人，是使我們獲得更多歡迎和支援的好方法。

但是一個人真正做到幽默卻並不那麼容易。也許有人會說：「時常開一些小玩笑，不就是幽默嗎？」要做到幽默的確是要開玩笑，但是開玩笑卻並不一定是幽默。

如果玩笑開太大了，就容易破壞人際關係，招致災禍。

「狼來了」的故事幾乎人人都知道，小牧童因為無故製造事端，結果到了真正需要救助的時候卻不被信任，導致孤立無援，四面無助，這就是因為玩笑開大了。因為沒有人喜歡被捉弄被捉弄得多了，人們就很容易建立起心理防禦，從而對開玩笑的人產生不信任。所以一個人開玩笑總是過頭，那麼就會削弱自己在人群中的被信任度。

雖然現在很流行所謂的冷笑話，但冷笑話其實也是有分智商的。如果你老是在說一些又蠢又不好笑的笑話，不只會把人際關係搞僵，也會給人不太高明的印象。有些人則喜歡開一些只有自己聽得懂的笑話，乍聽之下好像言之有物，但認真一想就會發現其中的邏輯牽強或根本不了解你說這個笑話的背景跟用意，那麼別人也會對你的幽默度大打折扣，一併和前者被打入人際關係的「冷宮」。

適時地保持沉默

想獲得更多人的重視和喜愛，僅僅學會開玩笑是不夠的，還必須達到自己快樂也取悅他人的目的，甚至在開玩笑中一併解決棘手的問題，又不會得罪任何人，這樣的開玩笑既幽默又有意義。

如果你不會開玩笑，或是天生缺乏幽默細胞，那麼最好不要刻意去做，沉默比開無聊的玩笑更受人歡迎，但還是要試著在生活中培養自己的幽默細胞，畢竟生活不能缺少歡樂。你可以多看一些幽默書籍，或是名人的幽默趣事，然後以皆大歡喜為準則，應用到自己的生活中，那麼你就會越來越受歡迎。

潛動力金鑰

所有人類的重大問題都有一個共通點，就是沒有幽默和瘋狂是無法解決的。

——**愛爾蘭作家：王爾德（Oscar Wilde）**

把拒絕的話說得很動聽

婉拒的藝術

羅西尼（Gioachino Antonio Rossini）是義大利一位非常有名的歌劇作曲家。

一天，一個非常自信的年輕人拿著兩大本自己創作的樂譜拿給他，並對他說：「國家交響樂團的指揮答應演奏我的一首交響樂，我想讓您聽一下哪一首好。」

羅西尼答應了，於是年輕人便坐在鋼琴邊開始彈奏。羅西尼聽了幾個小節後，覺得實在太糟了，他幾乎快要聽不下去了，但是看到年輕人胸有成竹的樣子，又不好拒絕，於是便走過去把樂譜合了起來，並輕輕拍了拍年輕人的肩膀說：「年輕人，不必彈了，我想，就選另外一首曲子會更好！」

羅西尼用了一種表面贊同的口吻，直接阻止了年輕人的彈奏，實際上是一種拒絕。拒絕說得委婉動聽，而不招致他人的反感，甚至還給對方一些希望，不僅是替對方留餘地，也是為自己留餘地。這樣的拒絕，不但不會得罪人，而且還能維持良好的關係。

聰明的拒絕不會運用否定的語言，而會使用俐落的肯定句。

十九世紀畫家惠斯勒（J. M. Whistler）的做法就很值得效仿。

一次，一個自鳴得意的暴發戶來到惠斯勒的畫室，希望買一些畫來佈置他的宴客廳，以炫耀自己的品味。他不屑地環顧了掛滿油畫的畫室，並問道：「要買下這些畫我要付多少？」惠斯勒回答：「一共四百萬美元。」

暴發戶一聽嚇呆了，急著說：「什麼？光是這些畫就值四百萬美元？」

「是的，我死後的價格是這樣的。」惠斯勒答道。

他的話似乎在表明，只要我還活著，這些畫你是不可能買到的。這種方式屏棄了拒絕給人的反感，卻是實質地拒絕他人了。

學會說「不」，讓人生更輕鬆

在生活中，我們有理由表示贊同和接受，當然也有權利拒絕和反對。拒絕是維護個人自我舒適狀態領域的一種方法，如果拒絕可以幫助我們把不想接受的事物擋在外頭，只要合情合理，那麼我們就應該表達出自己態度。

在現實中，有不少人常常為了迎合對方而接受請求和建議，很少拒絕，甚至覺得這樣做是一種聰明的為人處世之道，結果很多時候都是口上答應了，心裡卻一直為此耿耿於懷。這樣心不甘情不願的接受，有時難免會給人虛情假意的印象。所以在應該拒絕的時候，我們就要勇敢地說「不」，在遵循道德規範的情況下，做真實的自己。

但是說「不」也要講究方法，如果只是單純的拒絕，甚至拒絕的言語沒有絲毫禮貌，那麼它必然會影響到我們在他人心中的印象。所以想要在拒絕的同時而又不遷怒對方，甚至不破壞與對方的關係，那麼就要學會拒絕的技巧。

聰明的拒絕不僅是有效的，禮貌、委婉的，也是動聽的，這樣的拒絕不僅達到了實質目的，使個人意願得以維護，同時也能夠使良好的人際關係得以保持，是一舉多得的做人智慧。

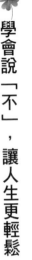

禮貌的態度讓拒絕不刺耳

如果不能把拒絕的話說得十分動聽，最起碼要表達出禮貌的態度。在此基礎上，再考慮如何將拒絕的話說得更加動聽，以獲得他人的認可和理解，對此我們可以利用理由轉移法，也就是提出一個無能為力的理由，幫助緩和局面，這並不是一種躲避和逃脫，而是一種維護自我利益的智慧。

但是提出的理由最好有據可依，這樣也能避免尷尬的發生。

拒絕別人不應該浮於表面的語言，而應該昇華為一種態度，在需要拒絕他人時多注意語言的委婉性，並將其培養成一種為人處世的習慣，那麼我們就能在人際交往的海洋中更加如魚得水，活動自如。

潛動力金鑰

當一個人對你提出要求的時候，他心中就已經預備好兩種答案，所以給他任何一種答案都是意料中的。

——**知名作家：三毛**

克服當眾說話的恐懼感

名人演講實況

在英國首相邱吉爾年輕時，他總是習慣在演講前寫演講稿。但是一次他在美國國會上背誦自己事先寫好的演講稿時，卻突然思路中斷，大腦一片空白，忘記了所有的內容。

雖然他一再努力地回想，不斷地重複著上一句，但是還是什麼都想不起來。尷尬的氣氛讓他感到羞愧極了，一臉鐵青，最後只能中斷演說。此後，邱吉爾就再也不為演講背誦稿子了。

美國總統林肯曾說過：「我不喜歡聽軍令式的、枯燥無味的講演。當我聽人講演時，我喜歡看他表現得像在跟蜜蜂搏鬥似的。」

在人們面前講話時，機械性地調配記憶，也容易給人一種不真誠的感覺，因為真正受歡迎的言語，一定是發自內心的，一旦用心去說，那麼我們便能完全融入，使自己忘記恐懼。

著名的演說家和心理學家愛德華．威格恩（Edward WeGeen），在學生時代對當眾說話感到十分恐懼。

上大學後，他仍然因為緊張害怕而在演講台上出醜，甚至他一度覺得，自己活在世界上，要想成為一名大眾演說家簡直就是個奢望，但是後來卻被現實推翻了。

在「自由銀幣鑄造」爭論聲大噪的時期，愛德華在一本小冊子上看到「建議實行自由銀幣鑄造」的觀點，對此，愛德華非常反對，以至於感到非常憤怒。於是他決定回到家鄉，在那裡發表健全貨幣制度的演說。

他勇敢地登上了演說台，但是在開始演講時，他又重新體會到了學生時期對演講的恐懼，於是他開始結巴甚至說不出話。不過他後來堅持下去了，他的演說也開始漸漸有了頭緒，台下的贊同使他勇氣倍增，於是他按照自己的想法，打算再繼續演說十五分鐘，但是結束時他發現，自己已經說了一個半小時。

卸下恐懼的心防

豐富的社會活動給了我們許多可以當眾說話的機會，而這種交流方式也是我們在他人心中建立地位的一個重要的途徑，經由這種方式，我們能更直觀地將自己的特點和個人魅力表現給別人知道。

但是在這種氛圍下，大部分人都會因為對眾人場面的陌生而產生恐懼心理，而無法充分利用好機會。

例如：在眾人面前大腦一片空白，緊張得說不出一句話，這樣就很難在眾人心中樹立起個人形象，其實也等於錯失了一個很好的表達機會。

如果因為緊張說了一些不著邊際或是展現弱點的話，抑或說話吞吞吐吐、含混不清，那麼雖然能在人們心中建立起形象，但是這個溝通的力道卻顯得裂痕斑斑。

其實，在眾人面前說話時會產生恐懼心理也是一種很普遍的現象，即使頗有經驗的職業演說者，也不可能完全克服當眾說話的恐懼。

尤其是在開場白時，這種心理恐懼就可能表現得更為明顯，但是職業演說家們能很快克服這種心理，使自己恢復平靜的狀態，並且變得更加自信。

人們在接觸一種新的環境時總需要一個適應的過程，職業演說者得以迅速擺脫這種恐懼，是因為他們在不斷地反復接觸新環境的過程中，增強了自己迅速適應外界的能力。

相信自己的言語魅力

因此，要想破除面對眾人時的恐懼心理，最好的辦法就是進行適應能力的訓練。

我們首先要卸除對陌生環境的顧慮和負擔。即使你需要面對一個幾千人的場面，你也要認為自己是在面對一個人，試著把這些人當作一個整體，那麼複雜的環境就會變得單純而輕鬆，你的心理負擔也會因此減少很多。

如果你仍然不自在或是恐懼，那麼你就可以借助卡內基的啟示：「你要假設聽眾都欠你的錢，正要求你多寬限幾天，你是神氣的債主，根本不用怕他們。」

恐懼來自心理上的不確定，所以無論你進行了哪種假設，都要十分確定並相信自己的感覺，並順著感覺進行下去。

但是你僅僅打破了這種心理禁錮並不夠，如果你在此之後無法很好地與眾人進行實質交流，那麼恐懼感仍會重新回到你的心裡。

表達的力量來自事前的準備

一個人想要徹底消除當眾說話時的恐懼心理，僅僅打破一開始的恐懼感是遠遠不夠的，還必須擁有持續抵擋恐懼感的後續力量。這種力量往往來自於說話前的準備。

如果你在說話前，頭腦中就有了一個思路清晰的大綱，那麼你就不會因為面對無話可說、不知所云的尷尬局面而感到恐懼。

對此，不少人認為萬無一失而清晰地表達自己的意思的方法就是，在說話前寫一個稿子，然後把它背下來。但是在實際運用中，這種準備方法卻是不值得提倡的。

因為這種逐字逐句地背誦很容易使人在說話時變得機械，而一旦進入這種機械的思維模式，又很容易出現大腦短路。

從內心去調取語言，才是從最根本上消除恐懼感最自然的方式，才能得到別人真誠的回應。

當然，這必須以一定的閱歷、經驗和知識作為基礎，如果一個人說的話沒有深度，甚至叫人覺得無聊，那麼是不會受到人們歡迎的。即使滿足了這個條件，也並非萬事大吉，在不斷豐富自己人生閱歷的同時，還必須要注意說話的方式，把自己的意思表達得更清楚、有條理，讓自己的意見更好地被人接受，那麼你才更加受人歡迎。

所以在社交生活中我們不僅要多找機會在眾人面前發言，克服在眾人面前的恐懼感，培養在眾人面前泰然自若的心態，而且還要在平時多讀書、多與優秀的人交流，豐富自己的內心世界，從各方面提升自信，這樣自然而然就能練就由內而外的說話功力，也可以更清楚地將你的觀點與想法傳播出去，免於他人誤解的扭曲，建立起自己在別人心中的形象與地位。

潛動力金鑰

只要下定決心克服恐懼，便能克服任何恐懼。請記住，除了在腦海中，恐懼無處藏身。

——猶太人企業家：麥可．戴爾（Michael Dell）

9 行銷力

大聲說出自己的優勢

「在與人交往時，
我們的缺點通常比優點更討人喜歡。」

～拉羅什富科

Let your life no longer regret

用一生的時間行銷自己

第一印象就決定了你的機會

曾經有一家跨國企業集團要聘請總經理，獵人頭公司馬上就從豐富的資料庫中選出了最適合的候選人。

董事長面試完這名候選人後，就馬上撥電話給獵人頭公司，請他們再另尋高明。獵人頭公司的主管聽後，覺得十分好奇，就追問董事長：「這個人不論是工作經驗、專業技術都非常優秀，為什麼會被拒絕呢？」

董事長簡單地回答：「這個人與我們公司的形象不符。」

如果你曾經有過面試員工的經驗，應該對這種情況並不陌生。某人履歷上有許多豐功偉業，但實際見面後卻覺得：「我完全不會錄用這個人。」難道是因為他名實不符嗎？其實也不全然如此，大多數時候，我們是否會相信而錄用這個人，往往第一印象就成為決定性的關鍵，就如同以下的例子。

一個滂沱大雨的午後，有位女士要到咖啡廳見客户，就隨意攔了一輛計程車。

她一坐上車，就看到計程車司機的頭髮與鬍子都很凌亂，衣服也髒髒的，接下來車子行進的路線好像也感覺非常陌生。這時，女士不禁慌了起來，心中還浮現許多社會新聞的畫面。

但她越是這樣想，就越注意司機開車的路線，發覺他一直在走一些不知名小巷子，正當她打算要撥電話給朋友求救時，司機就停車了，他轉過頭來對女士說：「已經到了，這樣走比較快啦！」她一抬頭，果然看見那家咖啡廳的招牌，仔細一看時間，還真的比平常快上許多呢！於是她言謝後就下了車，並為自己驟下評論的觀感，感到十分愧疚。

雖然用外表去評論一個人的真實個性，或許不夠客觀。但如果我們能夠稍微注意一下儀表給別人的觀感，就能夠為自己加分，增加成功的機會，何樂而不為呢？

爭取每一個展現自己的機會

每天打開電視，就可以看到各式各樣的商品廣告在強力放送，在日常生活中，我們每天面對不同的人，遇到不同的場合，其實也是在「彰顯自己的價值」。

雖然大家都可以找到詮釋自我的方式，但有些人卻常常在表達的時候產生挫敗，這往往跟我們的「自我中心」程度有很大的關係。

當一個人習慣以自我為中心，卻表現出否定外在環境的態度時，也會被社會所否定。就像是業務在推銷時，介紹一個非常優秀的產品，卻不斷否定其他同類型產品的價值，這樣的行銷方式就失去了說服力無疑是在砸自己的場子。

雖然每一個人都有自己獨特的風采，但面對社會如此多元的環境，仍要學會一套如何推銷自己，讓別人了解你的價值的方法，否則只是曲高和寡，再多天份也得不到發揮的機會。

微笑是開啟人際關係的關鍵

當我們希望可以被外界接受，以增加自己的曝光機會之前，要先以樂觀、正面的心態來看待外在的環境。放下內心的武裝，放棄抗拒現實的心態，曾能找到展示自我能力的一席之地，接下來，才能學習如何受到別人認同的方法。

有人說：「微笑是人際交往中最好的名片」。

日本壽險業的銷售紀錄保持人原一平曾將微笑分為三十九種，當他在應付一個頑固的客人時，使用的微笑方式就多達三十種，因此，他的微笑曾被人稱為「價值百萬美金的笑容」，這是一種職業上的殊榮，更是一種被肯定的個人魅力。

相對於一個溫暖的笑容，冷漠的臉龐和悲觀絕望的神情，是無論如何也引不起人們的興趣的。所以如何善用微笑散播的形象力，是行銷自我的首要法寶，如果再加入「真誠」的態度，就會更快瓦解對方的心防，讓對方願意接納你。

先敞開自己的心胸，包容外界的觀感。再讓與你交會的每一個人都能感受到溫暖而真誠的微笑，接下來，以個人特質的優勢推波助瀾。最簡單的方法有時候反而能夠帶來最強大的效果，只要稍微扭轉一下心念與僵化的作法，苦等已久的機會就會自動降臨。

潛動力金鑰

人們可能不記得你說了什麼，不過卻不會忘記你給他們的感覺。

——美國作家：卡爾・布坎南（Carl W. Buechner）

讓缺點成爲你的優點

廣告大師
威廉・伯恩巴克

威廉・伯恩巴克（William Bernbach）是國際廣告界十分著名的行銷大師，品牌一旦經過他的重新詮釋，往往就有顛覆性的改變，即使最初並不被人看好的產品，也能讓人們蜂擁而至，大力稱讚。這完全是因為他善於在缺點上做文章。

一九六〇年代，金龜車已經風靡歐洲，但是在美國市場時卻遇到了瓶頸。

因為美國人都對既大又線條流暢的豪華轎車情有獨鐘，在他們眼中，車型短小的金龜車就像怪胎一樣醜陋又擁擠，但這樣的印象透過伯恩巴克扭轉後，卻造就了金龜車的銷售熱潮得到了。

在廣告中，伯恩巴克寫道：「想想小的好處。停車容易，保險費用低，維修成本低。」

簡短的幾句話，馬上把「小」的缺點變成「省」的優點，馬上引起美國民眾的廣大共鳴。換一個角度行銷，這就是伯恩巴克策劃成功的關鍵，在推銷埃飛斯公司時，伯恩巴克也用到了類似方法。

當時，在美國計程車行業中，埃飛斯公司始終排在龍頭老大哈茲公司之後。雖然埃飛斯公司一再努力，但是終究抵不過實力懸殊的現實，公司屢戰屢敗，連年虧損，每況愈下。

在這次的廣告標題中，伯恩巴克寫道：「就因為我們是第二名，所以應該更努力。我們不會提供油箱不滿、雨刷不好或未清洗過的車子，我們會為你提供一部新車和一個愉快的搭乘經驗，與我們同行，不會讓你久等。」

言下之意就是：我們的顧客沒有第一名那麼多，所以搭埃飛斯計程車不用排隊，我們知道自己不足，所以我們會更努力。結果廣告一推出，便迅速引來了人們的關注，大為改善埃飛斯公司的境況，很快就轉虧為盈了。

把缺點變為優勢

在與人交往的時候，每一個人都希望將自己最美好的一面呈現給別人。希望在他人心中留下最美好的印象，這是人們的一種慣常心理。但是要如何才能在他人心中留下一個好印象呢？人們常常會認為向別人展現自身優點是一種好方法，其實事實並非如此。

展現優點往往在人們只有一面之緣時顯得最為有用，能帶給人美好的感受，也會幫助我們提高自身形象。

但是人無完人，再完美的人也有缺點，如果一個人在與他人持續交流的過程中，只是一味地表現自己的優點，那麼就是一種矯揉造作的刻意姿態，這往往比缺點本身更加令人厭惡和難以接受，所以與其如此，不如直接把缺點隨優點一同表現出來，反而讓人感受到你的真誠自然。

好印象與壞印象只有一線之隔

但是缺點畢竟是缺點，毫無技巧地在人們面前大張旗鼓，反而會嚇到人。如何將缺點推銷出去讓他人能接受，這就需要用到自我行銷的智慧，經由它的魔力，我們不僅能讓自己的缺點被他人接受，甚至還能將其變成優點，讓人們理所當然地喜歡。

因為缺點總是相對的，換一種標準去衡量，它可能就變成了優點。透過有效的推銷策畫，就能把產品的缺點變成優點，成為令人耳目一新的焦點。

伯恩巴克曾說：「有件事是肯定不變的，創作人員若會洞察人類的本性，以藝術的手法感動人，他便能夠成功，沒有這些，他一定失敗。」

對產品而言如此，對個人而言也是如此。也許有些缺點是我們根本無法改變的，比如身高、容貌，但是經由藝術性的自我行銷，就能將這些缺點換一個角度去詮釋，去感染人心，從中提煉出受人喜愛的部分，那麼缺點也能發揮光芒，幫助我們在個人形象上加分，不再成為自己心中的痛處。

潛動力金鑰

在與人交往時，我們的缺點通常比我們的優點更討人喜歡。

——**法國作家：拉羅什富科**（La Rochefoucanld）

自信是最佳的履歷表

愛迪生的合夥人

一天，艾德溫・巴納斯趕往愛迪生先生的辦公室求見。秘書看到這個好像流浪漢一樣的年輕人，疑惑地問明他的來意，他信心十足地說：「我將成為愛迪生先生的合夥人！」

等巴納斯與愛迪生碰面後，竟然成功地成為愛迪生實驗室的一名員工，並負責為工廠擦地板。

五年後，巴納斯真的成為愛迪生的合夥人，成為留聲機的經銷商，並因此賺進了大筆的財富。

後來，愛迪生回憶起初次與巴納斯見面時的情景時，曾說：「他站在我面前，看上去就像個普通的流浪漢，但是他的臉上卻充滿信心，看得出來是有備而來。與他共事幾年之後我感到，當一個人真正渴望某件事的時候，他寧願拿自己的一生做賭注來得到它，這樣的人一定會成功。我給了他機會，因為我認為他有決心堅持到成功。事實證明，這些決定是正確的。」

當時，愛迪生剛剛發明了留聲機，對於這種新產品，推銷員都覺得絞盡腦汁也很難銷售出去。

但巴納斯不這樣想，當他從報紙上看到留聲機報導，就把「將留聲機賣出去」這種想法一直放在心底，並決心成為愛迪生的合夥人。

於是他找到愛迪生說明了自己的想法，並對銷售出產品表現出十足的自信，也證明了自己的銷售才能。於是愛迪生便與他簽訂了一份經銷合約，把全美留聲機的經銷權簽給了巴納斯，他的人生也因為自己的自信與實踐翻開了嶄新的一頁。

始終保持足夠的自信，並勇於實踐、追求，對事物的熱誠就容易感染別人，得到別人的認同，所以一個擁有自信的人，就等於擁有了一封最佳的推薦信。

自信不是自大

人的價值不只取決於學識、專業，還需要一個最重要的因素，那就是自信心。

如果一個人缺乏自信心，那麼縱使才高八斗，學富五車，也會被自己的膽怯和所埋沒。姑且不管能力如何，自信的態度就是自我行銷時最有力的開場白。

自信的形象不僅可以幫助我們正常發揮自身能力，甚至還能在各種情況下激發潛能，使我們表現得更加優秀，更能得到別人的肯定。

但自信不僅是一種氣勢，如果沒有足夠的實力做後盾，我們便無法真正說服別人。

愛迪生對巴納斯的青睞並不僅在於他擁有自信的神情，更因為他擁有足以令人信服的實力，如果巴納斯當初沒有賣出留聲機，那麼他的自信在愛迪生眼中可能就是一種自負，當然更不可能將產品的銷售權委託給他了。

自信背後的實力才是關鍵

一次，世界著名指揮家小澤征爾參加了全世界優秀指揮家大賽的決賽，但是在指揮的過程中，他越來越覺得聲音不和諧，剛開始他認為是樂隊弄錯了，於是就重新指揮了一遍，但是聲音仍然很不和諧，後來他覺得是樂譜弄錯了，但是在場的作曲家和專家卻異口同聲地表達：樂譜絕對沒有問題，是小澤錯了。

但是他憑著豐富經驗和能力，十分肯定是樂譜出現了問題，於是他在考慮再三之後十分確定地說：「不！一定是樂譜錯了！」

語畢，評審們便紛紛站起來，熱烈地向他表示祝賀，他已取得了比賽的冠軍。

原來，為了考察參賽選手是否擁有令人信服的綜合實力，評審會特地製造了這種假像，而小澤征爾以十足的自信和卓爾不群的實力徹底征服了評審，這是一種聲勢，更是一種實力的證明。

因此加強自信的同時，我們還要不斷提高自己的能力，使自己不僅能先聲奪人，以聲勢贏得人們的駐足，也能以實力獲得永久的關注。

潛動力金鑰

一個人是否有成就，取決於他是否能擁有自尊心與自信心兩個條件。

——古希臘哲學家：蘇格拉底（Socrates）

個人修養比聰明才智更重要

蔡元培的做人涵養

有一次，倫敦即將舉辦中國名畫展，蔡元培和林語堂等人受邀到南京和上海選取參展的名畫。

同行的法國漢學家伯希和（Paul Pellioc）自認為對中國文化非常瞭解，為了展現自己對中國文化的瞭解，他不時地在蔡元培面前評價收藏品。

他一會兒說：「這張宋畫絹色不錯！」，一會兒又提到：「那張徽宗鵝無疑是真品。」，在觀展的過程中一直滔滔不絕，卻不知道自己的評價其實有許多疏漏之處。

對此，蔡元培並沒有直接糾正伯希和，只是低聲地答道：「是的，是的。」

不表示贊同，也不表示反對，一直都表現得十分謙和有禮。

後來，伯希和看到蔡元培始終保持著冷靜、不多加回應的態度，忽然若有所悟，馬上閉口不言，面生懼色，似乎也感覺到自己的做法有失禮數。

策展告一段落，當後來蔡元培與林語堂談到此事時說：「這是中國人的涵養，映襯了外國人的賣弄。」

蔡元培不僅用禮貌的態度給了對方無聲而有力的告誡，同時也展現了一種做人的修養和素質，這就是做人的涵養。

禮儀可修補情感上的裂痕

當人與人之間因為情感表達的疏漏而出現裂痕或是殘缺，那麼就需要透過禮儀去修復和彌補。

就好比一個人踩了另一個人的腳，及時說聲對不起，微笑表明歉意，以禮恭敬回應，那麼雙方的裂痕就能在短時間內迅速消失。可見得，禮儀在人際關係中有一種十分神奇的療癒力。

將禮儀充分地應用到日常的待人接物中，時時與人以禮相待，是一種萬全的為人處世之道。它所表現的是個人的修養和素質，能為你贏得更多的歡迎和尊重的智慧。

將禮儀時刻戴在身上，就是為自己貼上了一個受人歡迎的標籤。

簡單禮節，決定關係好壞

一次，俄國的政治家列寧在下樓時碰到端著一盆水上樓的女工，因為樓梯很狹窄，所以只能一個人先過，另一個人再過。

女工一看眼前是列寧，於是便趕忙退回去讓路，這時，列寧卻說道：「不必這樣，你端著東西已走了一半，而我現在空手，請你先過去吧！」

把「請」字說得響亮而親切。然後他便緊緊靠著牆，讓女工先上了樓，自己才下樓。

一位英勇善戰的革命戰士，在與人相處時使用「請」，如此親切、客氣，完全沒有一絲拔扈氣勢，更能讓人體悟到列寧本身的性格涵養。

「請」作為一種禮貌的字彙，其中包含的範圍卻很廣，從最簡單的問候，到使用敬語，注意禮節，再到助人為樂，此種有聲有形的禮儀表現，為我們在與人交往時加分無數。

一個人無論是在用餐、落座還是會客、訪友的各個方面，都不能缺少禮儀，否則就會波及我們的個人形象。

如果我們想在別人心中建立一個美好的形象，僅僅掌握形而下的禮儀還不夠，還必須將禮的精神注入自己的思想中，才能夠發自內心的知乎於禮。

禮儀是與時漸進的一種社會規範，它可以幫我們預防人際間的紛爭。具備禮的思想，也會讓我們知道該如何去尊重別人，不會因一時的失禮，錯過了與他人建立關係的機會，而能表現出一種超然的涵養，為個人的形象加分。

潛動力金鑰

沒有教養、沒有學識的人的心靈有如一塊田地，就算是天生肥沃，也不會結果。

——德國作家：格里美爾斯豪森（Grimmelshausen）

10 信念力

直達夢想殿堂的心靈捷徑

「人的生命是一場正在燃燒的火災，
一個人必須去做的，
就是竭盡全力要在這場火災中去
搶救些什麼東西出來。」

～比爾・蓋茲

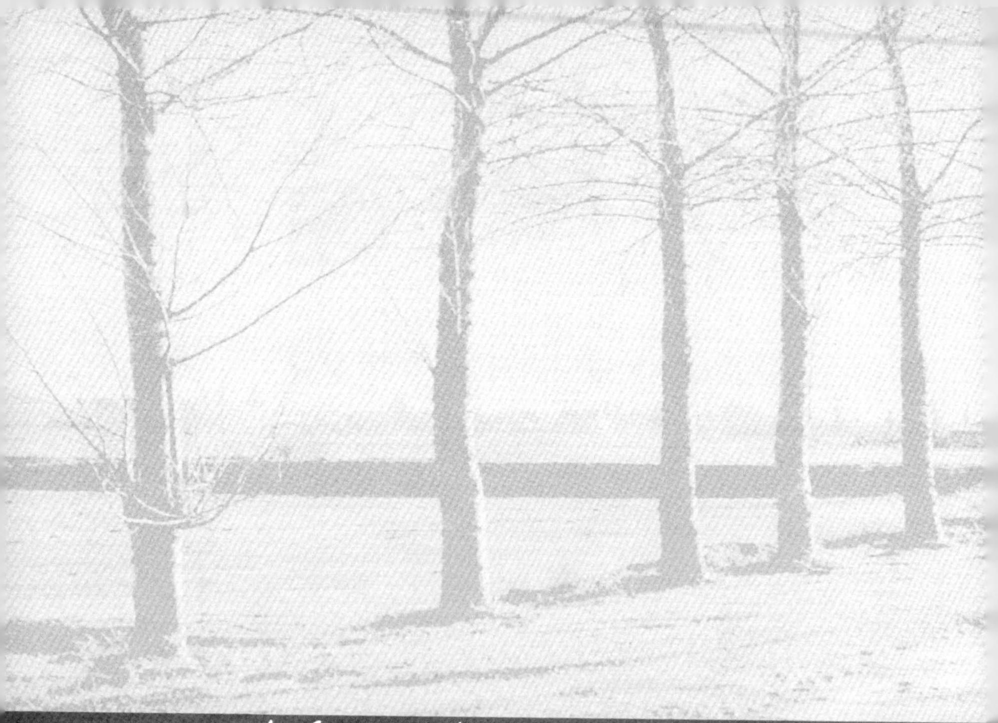

Let your life no longer regret

建立永不被打垮的自信

小男孩的棒球明星夢

有個小男孩從小就非常喜歡打棒球，每天下午，他都會頭戴球帽，手拿球棒與棒球，全副武裝地走到自家後院開始練習打擊。「我是世界上最偉大的打擊者！」他滿懷自信地喊完後，便將球往空中一扔，然後使勁全力揮棒，但卻沒打中。

他毫不氣餒，繼續把球撿起來，再次往空中一扔，然後大喊一聲：「我是世界上最厲害的打擊手！」他再次揮棒，可惜仍是落空。

他愣了一下，然後開始仔細地檢查手中的球棒與棒球，並把手套重新脫下，又再次牢牢地戴上，還檢查了自己的蹲姿。

之後他又試了三次，仍然大聲地告訴自己：「我是宇宙裡最傑出的打擊手！」不過球就像在故意躲他，每一次的嘗試都揮棒落空了。

因為小男孩每天都會活力十足的在庭院練習棒球，讓人覺得十分可愛，所以鄰居有時也會站在陽台上觀看他練習的情況。

當他再一次地揮棒落空，這時，所有的人都以為他應該會向同齡的孩子一般，把手套、球棒亂丟在地板上，轉而對別的遊戲產生興趣了。

果然，小男孩把球棒丟在地板上，興奮地跑回家，邊跑邊大聲地喊著：「媽媽！原來我其實是世界上最厲害的投手耶！」

成功始於自信，這個道理人人皆知，但並非人人都能做到。

當艱鉅的任務擺在你面前時，你能夠充滿信心地勇敢上前嗎？當經受了許多次挫折後，你仍然能對自己最終達到目標的信心毫不動搖嗎？當周圍的人都瞧不起你，認為你是個「無能之輩」時，你仍然能堅信「天生我材必有用」嗎……如果你的回答是肯定的，就說明你有很強的自信心。如果你的回答是含糊的，甚至是否定的，那就需要錘煉你的自信心了。

「輕蔑自己」、「自暴自棄」，都是由於缺乏自信心所致。許多人缺乏自信的原因很多，有的與童年時經常受到父母或師長的責罵有關，例如：「你怎麼那麼笨」、「你將來只會一事無成」。

這些外部評價潛入頭腦中，使人慢慢變得畏縮、膽怯，不敢自我表現。有的因為自己胸無大志、只圖舒服安逸；有的是受傳統觀念中的一些消極思想的影響，如：「不求無功，但求無過」、「富貴在天，生死由命」等。

對每個人來說，自己都是獨一無二的。所以，我們千萬不要輕視自己，要努力拋棄自卑想法、無所作為的想法，充滿自信地去發揮自己、推銷自己，實現自己的成就。那麼，我們應該如何培養自己的信心呢？

對自身優勢與劣勢建立判斷力

自信心是激勵自己實現偉大志向的一種信念，而不是逆歷史潮流而動的野心膨脹。真正有自信心的人，不會拒絕別人的提醒和建議，不會因別人提出了尖銳的意見就惱火和沮喪，他們有海納百川的度量，也有改過自新的勇氣，因為他們相信，這只能使他更完善，取得更大成功。有自信的人不會妄自菲薄，反而會始終認為自己是很有價值的。有了這份自信心，有勇氣去爭取更高的目標。

正視別人

一個人的眼神可以透露出許多有關他的資訊。當某人不正視你的時候，你會直覺地問自己：「他想要隱藏什麼呢？他怕什麼呢？他會對我不利嗎？」

反過來說，如果你不正視別人，通常意味著你在別人面前感到很自卑，感到不如別人，而正視等於告訴別人：你很誠實，光明磊落，毫不心虛。

談話時，請間神專注地看著對方，這不但能給你信心，也能為你贏得別人的信任。

練習當眾發言

有很多思路敏銳、天資聰穎的人，在討論時卻無法發揮他們的長處。並不是他們不想參與，而只是因為他們缺少信心。

在會議或討論中沉默的人都認為：「我的意見可能沒有價值，如果說出來，別人會覺得我很蠢，我最好什麼也別說。」結果越是這樣想，就越來越會失去自信。

這些人常常會對自己許下很渺茫的諾言：「等下一次再發言。」可是他們很清楚自己是無法實現這個諾言的。

如果積極發言，就會增加信心，下次也就更容易發言。要當「破冰船」，第一個打破沉默。也不要擔心你會顯得很愚蠢，因為總會有人同意你的意見。記住，當眾多發言，這是信心必備的維他命。

加快走路的速度

許多心理學家認為懶散的姿勢、緩慢的步伐常與此人對自己、對工作以及對別人不愉快的感受有關。而借著改變姿勢與步伐速度，可以改變你的心理狀態。

有些人走路的方式，表現出：「我並不以自己為榮」的姿態；有些人則表現出超凡的信心，走起路來比一般人快，像是在告訴全世界：「我要到一個重要的地方，去做重要的事情，而且我會做好。」如果你經常使用「加快百分之二十五速度走路」的練習，抬頭挺胸走快一點，你就會感到自信心在滋長。

積極地補充新知

據今五百年前，波蘭天文學家哥白尼（Nicolaus Copernicus）敢於向教廷「地心說」挑戰，是他廣泛而深入地鑽研天文學、數學和希臘古典著作，並在三十多年裡孜孜不倦地觀測天象的結果。因為具備深厚的知識背景，他才能寫出偉大的《天體運行論》。

「給我一個支點，我就能撬動地球。」希臘哲學家阿基米德（Archimedes）有這樣的豪言，是因為他掌握絕對地科學優勢。

所以，有些人缺乏自信心，除了輕視自我以外，也與「內功」不札實有關，因為他的知識儲備、實踐能力還有欠缺，所以才常常會表現得「中氣」不足。但只要能多補充新知，在人前侃侃而談，不只加深了知識的內蘊，更能展現十足的專業說服力。善加利用以上方法，深度地建立起自我的自信心，隨時隨地都要「相信自己一定做得到」，並貫徹這種意念在每件事情的執行上時，你會發現信念的力量可以幫你突破原有的人生框架，朝進目標持續成長。

潛動力金鑰

有信心的人，可以化渺小為偉大，化平庸為神奇。

——**愛爾蘭劇作家：蕭伯納**（Gerge Bernard Show）

用信念尋找夢想的應許之地

方文山的孤獨創作

方文山出生在南部一個偏僻小鎮，家境拮据的他，並沒有上過任何的才藝班，就連零用錢也很少拿到，不僅如此，為了貼補家用，當時的方文山暑假還要到工地去撿拾廢鐵絲和鋁罐去賣，也做過多次的廉價勞工。

成績普通的他在班上的成績並不出眾，只是特別喜歡歷史和古典詩詞。

在方文山二十三歲那年，他發現自己的興趣是拍電影，於是他便在工作空閒時間考取了編導證明，但是由於當時的國片並不景氣，方文山便想：「不如試試唱片圈，反正都同樣在娛樂圈。」於是他開始拿曲來填詞，這一寫就是半年。

半年後，方文山開始獨立創作歌詞，創作時他不僅認真尋找感人的畫面，而且還從古代詞人李清照、李煜的作品中反覆揣摩、研究。

幾年過去了，他竟然寫了一百多首歌。於是，方文山就把自己的作品工工整整地集結成冊，不斷地向各大唱片公司投稿。

但是作品一次次地寄出，卻也一次次地石沉大海。但是他時常安慰自己：「寫歌只是我的興趣，如果有機會被採用當然很好，如果不行，至少我也可以繼續在桃園當我的系統作業員，所以沒理由放棄。」

就是如此正面的心態，讓方文山一邊工作一邊創作，並持續不斷地尋找更多創意的靈感。

一九九七年，方文山意外地接到了著名電視製作人吳宗憲的電話，吳宗憲邀他面談簽約。這讓他激動得整整一夜沒睡。

從此，方文山就成了吳宗憲經紀公司旗下的一名作詞藝人，開始了他精彩絕倫的文藝之旅，並多次入圍金曲獎最佳作詞人，終於在第十三屆以一首《威廉古堡》得到金曲獎最佳作詞人獎。

搶救自己的生命價值

人生是一場華麗而悲壯的赴約，我們的生命每流失一秒鐘，都無法再回頭補救，唯一能做的就是儘量讓生命留下一些有意義的東西。

人生百年，生命如火，這就如同救火一樣，或許搶救不了生命，但卻彰顯了生命的意義和價值。一個人的生命有怎樣的價值和意義，只有自己最清楚，唯有透過自救才能救出那最有價值、最值得留存的部分。每一個生命都是充滿價值的，只是很多時候人們疏於對自我生命的挖掘和探索。越是竭盡全力進行自救的人，越是能留給世界更多的生命精彩。

很多人都抱怨自己懷才不遇，時運不濟，抱怨自己的才華無處施展，甚至將原因歸在自己沒有一個好的環境，認為是殘酷的現實埋沒了自己的價值。

其實個人價值很多時候是需要自救的，特別是當我們在尋求夢想四處碰壁時，唯一能夠讓我們的生命價值展現於世的就是我們自己。

自救不是胡亂地搶救，而是要盡可能拿出那些我們生命中最閃耀的部分，即便不能，也要在尋找中不斷尋求，只要沒有停止自救，只要還在尋找，那麼人生就是有意義的。

如果你找到了值得你救的東西，那麼你就是不負此生的；如果你為這些生命中的價值找到了出口，那麼你就是很幸運的；如果你又能把它們呈現於世界面前，那麼你就能親手打造自己的幸運。

不管自救的結果怎麼樣，你都應該保持一顆平常心，始終不放棄努力，也不為此而悲傷難過。我們應該知道，生命最美的姿態不是自救後的勝利，而是衝入生命火場、尋找和擁抱生命價值過程中的每一次奔跑。

想想方文山、周杰倫這對難兄難弟，這些名人的天賦成功並非與生俱來，它們也曾經是平凡人群中的一份子，但因超出常人的「自信」與「恆心」而能走上成功的道路。

上帝是公平的，在每個人心中，都有一塊「應許之地」能夠讓我們美夢成真，端看自己願不願意用心去挖掘、去努力，快去尋找讓自發光發熱的每一個可能性，快步前往實現夢想的邊境。

潛動力金鑰

也許，人的生命是一場正在燃燒的「火災」，一個人所能做，也必須去做的就是竭盡全力要在這場「火災」中去搶救點什麼東西出來。

——**比爾・蓋茨**

熱情點燃人生的希望之光

克里蒂斯・布朗的寫作之路

愛爾蘭著名的詩人和小說家克里斯蒂・布朗（Christy Brown），從出生時便患上了嚴重的大腦癱瘓症，直到五歲時，他仍然不會走路，不會說話，頭部、身體和四肢都不能自由活動，只有一隻左腳能夠活動。

在五歲那年，和妹妹一起玩耍的布朗，第一次用左腳夾起粉筆在地上寫字，從此開啟了他生命的另一扇窗。

隨著年齡的增長，布朗不僅學會了寫簡單的英文，而且他還以堅強的毅力學會了用左腳畫畫、打字，還逐漸開始嘗試寫小說和詩歌，並成為他每天必做的事。

對他來說，用打字機寫文章很困難，每天要耗費大量的時間和精力，雖然如此，布朗卻從來沒有過要放棄的念頭。

布朗每天用左腳打字、上紙、下紙、整理稿紙，日復一日，雖然沒有人喝彩，但是他卻始終沒有停止過。

在他二十一歲那年，他終於發表了自己的第一部自傳體小說《我的左腳》，十六年後，他又出版了另一部自傳體小說《生不逢時》。

不久，這本小說成為國際暢銷書，有十五個國家出版了他的作品，還被拍攝成電影。

接著他又陸續創作了兩部小說和三部詩集，直到臨終前，他完成了自己的最後一本小說《錦繡前程》。

雖然他的人生只走了四十八個寒暑，留下的著作也屈指可數，但是用一隻左腳去完成五部小說和三部詩集，困難和枯燥程度非同一般，除了他之外，應該沒有第二個人再能體會他創作過程的艱辛和寂寞了。

而他一生堅持不懈的創作，完全來自於他執著的人生信念和對寫作始終不渝的熱情。

人生的進程就像在走一條通往山頂的路，路上固然會有美麗的景色，但更多的是頑石、峭壁。很多山路只有我們自己願意走，因為這是我們自己的人生，很多時候我們都在寂寞地前行，都在孤軍奮戰，挑戰險境。

但是卻有些人在前行的中途停下，在孤獨的路上喪失了前進的勇氣和力量。其實不是這些人失去了繼續走下去的能力，而是熱情耗盡了。

熱情能夠增加生命的強度

熱情，看不見、摸不著卻能給予我們無限的生命力，有了熱情，即便是再艱險、再孤獨難耐的路，我們也能勇往直前地走下去。熱情就像支撐生命的血脈，只要持續存在，生命的色彩便不會消逝。

美國作家歐・亨利（O.Henry）曾在他的小說《最後一片落葉》中講過這樣一個故事。

一個生命垂危的病人看到窗外的一棵樹，隨著秋天的到來，樹葉在他眼中一片片掉落，病人看著這蕭條的景象，健康情形也每況愈下，最後已然病入膏肓。

一天，他絕望地說：「當樹葉全部掉光時，我也就要死了。」一位畫家得知此事，便畫了一片顏色翠綠、葉脈清晰的樹葉，並把它固定在樹上。

於是最後一片樹葉沒有掉落，病人的希望也就這樣延續著，因為這片綠葉的支撐，病人的病情竟然逐漸好轉，奇蹟般地活了下來。

小說內容固然具有戲劇性，但是這卻是最好的人生縮影，對一片綠葉的留戀，就彷彿對生命中熱情的堅持，即便只剩最後一分力氣，也要在人生柳暗花明的轉彎路口停泊過後，再朝夢想之境前進。

用信念與熱情重新點燃生命

俗話說：「台上一分鐘，台下十年功。」那些站在人生聚光燈下的成功者，都是經歷寂寞而又艱辛的磨煉之後才能獲得今日的成就。

著名作家史鐵生，在二十一歲時患上重疾，並因此不幸雙腿癱瘓，短短幾年內，從身體健全到雙腿殘疾，無盡的落寞感讓史鐵生一下子失去了活下去的信心，整天坐在輪椅上挨著日子，他覺得自己太沒用了，萬念俱灰的他甚至一度想過用自殺來擺脫這種痛苦，他的脾氣也變得越來越暴躁。

但是在經歷一段時間的痛苦與思索後，他忽然發現了生命的另一扇窗——寫作，內心重燃的熱情讓他再次看到了生活的希望，也使他找到了生活的信仰。

就像他在作品《病隙碎筆》中談到的：「有一天，我認識了神，在科學的迷茫之處，在命運的混沌之點，不管我們信仰什麼，都是我們自己精神的描述與引導。」

對於史鐵生而言，信仰就如同人生的目標與行動的準則，依著信仰之光的指引，我們知道自己的人生要為什麼而奮鬥、而努力，也知道要排擠躲在信仰背後的黑暗力量，忘卻消極，迎向積極。

從單純的自我排解到發表文章，再到專欄作家，他始終抱持著對生命獨有的解讀和熱情。這份對生命的信念，不僅幫他走出了人生的低谷，也讓他的寫作之路越來越寬闊，越走越長遠，並且獲得了許多讀者的支持與喜愛，最終成為一位著名的作家。

飽滿的生活熱情，填滿了這位作家曾經落寞的人生之旅，也照亮了他一度暗淡的心靈。所以，滿懷熱情就能讓生命中處處閃耀著朝陽般的希望，並會持續支持我們對生存的奮戰，對夢想的實踐。

只要我們心中存有一份不輕易對困境低頭的信念，人生的坑洞，總有一天能夠弭平。在追求夢想的道路上，只要迎向陽光，即使一路上可能落寞又無助，也能時刻感覺到一股溫暖而強大的心靈力量，牽引著我們，一路前行。

持續運用熱情的信念力，就可以為我們澆熄心中正在點燃的恐懼與懷疑，拋卻對於人生目標總是只有三分鐘的熱度，持續延燒出心念之火，點燃靈魂之光，凡事但求盡心盡力，使命必達，趕走所有造成遺憾的人生落石。

潛動力金鑰

熱情和靈感是不為意志所左右的，是不用鐘錶來調節的，也是不會依照預定的時間發生的。

——德國哲學家：費爾巴哈（Luduiy Ardreas Feuerbach）

建立自信，擊垮自卑陰影

戴上就會變漂亮的神奇髮夾

有一個小女孩，因為她的家裡很窮，所以家裡沒有漂亮的衣服和可愛的髮夾，她常常看到公園裡玩耍的小朋友，常常都穿著又新又漂亮的衣服一起玩，所以她一直覺得很自卑，怕別的小朋友見到了她的破衣服會不願意和她一起玩。

後來，小女孩逐漸長大成人，在她十八歲生日那天，媽媽從自己辛苦積攢下來的存款中，給了她二十塊錢買自己喜歡的生日禮物。

走在街上，商品琳瑯滿目，讓小女孩不知該從何選起，也不知該如何運用這筆錢。最後，女孩走到街尾的一家小店，從櫥窗望進去，裡面裝飾著許許多多的白色蕾絲，看起來十分雅致、名貴。

她像受到吸引似地走近小店，在櫥櫃上，看到了一只閃閃發光的髮夾，越仔細看，就覺得越喜歡，但是價格並不便宜，一只就要十六元，幾乎是她身上所有的錢。

但是當她拿起髮夾別上，從鏡子中看到漂亮的自己、再聽到售貨員稱讚的話後，她下定決心，買下了這個髮飾。滿意地付錢之後，她就直接別著髮飾走出了小店，可能是因為太高興了，所以一出店門口就不小心撞到一位老先生，她盈盈地笑著道歉，就快樂地跑進了人群。

走在街上，她覺得很多人都望向自己，越走越有自信，她想：「為什麼不用剩下的四塊錢，再為自己買個漂亮的髮箍呢？」

因此，她又繞回原來的小店，在門口遇到了那位老先生，他一看到女孩就說：「我就知道妳一定會回來的，我們剛才撞到的時候，妳的髮夾掉在這裡了。」

其實，在常人眼中，小女孩的外在並無改變，但是她卻因為別上了髮夾，而表現出截然不同的自己，這是發自內心的自信足以扭轉個人生命觀點的最佳例證。

自卑性格的影響更甚於自信

導致人們失敗的因素有很多，自卑就是其中之一，而且是一個很重要的影響因素。自卑情緒常常讓人失去堅持的勇氣，很容易自暴自棄，漠視自己的能力，導致信念缺乏。信念缺乏不僅容易使人們產生退怯心理，而且還會讓人不知不覺地「中毒」，成為埋沒和扭曲個人能力的「兇手」。

自卑的產生不僅與失敗的經歷有關，更來源於比較。在比自己優秀的人面前，人們難免會產生自卑情緒。

一個女孩相貌平平，身材一般，上大學之後很自卑，從來不願主動與人交流，覺得自己什麼都不如別人。但是漸漸地，她發現身邊的同學都開始主動與她打招呼，無論有什麼活動，大家都叫她一起去參加，而且男生還誇她長得漂亮，女孩逐漸覺得自己真的如同大家說的那樣。

就這樣，一年多過去了，這個女孩逐漸變得舉止優雅，氣質不俗，陽光般的笑臉遮蓋了她容貌上的缺點，看起來十分美麗。後來，她才得知是班導師動員全班同學幫助她走出陰影。曾經自卑的女大學生，在被認可和稱讚的環境下逐漸擺脫了自卑，活出了一個全新的自己。

透過冥想重塑自我

美國心理學家威廉・詹姆士曾研究發現，一個沒有受過激勵的人，只能發揮能力的百分之二十到百分之三十，但是當他感受到激勵後，能力就可以發揮到百分之八十到百分之九十。

如果一個孩子從小在被認同的環境下成長，那麼他未來的發展可能性就更大了。我們不是世界的軸心，不可能身邊總有人稱讚我們，甚至有時候，還要承受來自外界的誤解壓力，所以我們不能依靠外界的聲音，而要通過自我心理補償去摧毀自卑。

如果你正在被自卑情緒所糾纏，那麼你可以將自己臆想成所希望的樣子，並置身其中用心去感受，然後帶著這種良好的心理感覺去展開行動。想要擺脫自卑，就要學會這種自我冥想，並將負面的能量轉化為正面，朝更積極樂觀的人生前進。

潛動力金鑰

當你喜歡你自己的時候，你就不會覺得自卑。

——法國哲學家：羅蘭（Roland Barthes）

把不可能的任務變成可能

帶著傷旋轉的蔡依林

從一九九九年的第一張專輯《和世界做鄰居》就正式出道的蔡依林，即使面對外界的批評聲浪、爾虞我詐的演藝環境，這十多年以來，她依舊不曾停下學習的腳步，對每件事都要求自己要全力以赴，終於成為代表台灣首屈一指的天后級人物與時尚教主。

努力與認真促使蔡依林的舞藝，在台灣演藝圈幾乎無人可及，蔡依林說：「我不能忍受還沒學好就放棄。」

蔡依林從不自滿於現況，她是經典的資訊焦慮者，她永遠都在思考還能帶給觀眾什麼，要搭配什麼樣的音樂風格，還有什麼舞蹈是她從未嘗試過的。

在二〇〇六年年底，她主動找了台北體育學院的體操教練學韻律體操，每天準時到台北體院報到，在沒有冷氣的舞蹈教室裡，她練習、練習、再練習，不斷地跳躍、劈腿、旋轉……直到每項動作都練到位。

練了三、四個月後，新唱片正好進入緊鑼密鼓籌備期，她主動學的韻律體操，再搭配舞蹈名師張勝豐新創的光波舞，無意中激盪出讓人激賞的舞孃風韻。

在「舞孃」的光波舞中，大力擺動臀部與胸部的同時，手部也隨著身體舞動，在柔軟流暢的動作中，還不時出現定點的爆發力。緊接著體操彩帶舞登場，劈腿、旋轉、騰空跳躍，讓一首三分鐘的歌，充滿視覺的刺激，絕無冷場，讓即使在家看電視的觀眾，也忍不住想起立鼓掌。

這讓大家看見，在蔡依林美麗的外表之下，更擁有比任何人都更努力、對生命表現的一種執著與堅持。

如果蔡依林持續停頓在人生的低潮中，就失去了成就自我的機會，是信念與決心帶領著她超越逆境，找到最完美的自己。

從突破中建立自信

導致人們缺乏自信的主要原因在於對自我能力的不確定。對自我能力缺乏足夠的信心。人們就容易遭遇心理羈絆，面對問題裹足不前，缺乏突破自我的決心和勇氣。

其實，也不一定一開始就對自己所擁有的一切勝券在握、把握十足，他們也曾迷茫過、退怯過，甚至想要放棄過，但是他們最終卻突破了自己，並且在突破中不斷獲得進步和成功。因為每個人的潛能都是無限的，只要專注挖掘，往往能帶來令人意想不到的結果。

一個人沒有信心並不可怕，可怕的是沒有信心而又沒有放手一搏的魄力。用全力以赴的心去做事，自信往往不請自來。

從解決問題中開發自我潛能

也許在面對問題時，我們並不一定能抱有足夠的自信，特別是在從未經歷過、對我們來說頗具挑戰性的問題面前，我們可能遲遲都邁不出第一步。對自我能力的不確定，是阻礙我們邁開第一步的重要原因。

增強自信的一般方法是通過意識作用，也就是我們常說的鼓勵，但是如果憑藉自我激勵和他人鼓勵，我們還是難以建立起足夠的信心，那麼我們不妨先全力以赴地投入事物的解決中，盡可能地挖掘自己的內在潛力。

一個人的潛力一旦得以發揮，便會創造令自己都吃驚的成果，只要你心無旁鶩、全心投入地去做，你便會發現，很多在你看來難以解決的問題都一一解決了，隨著成績的取得，你的自信心也會逐漸強大起來。

全力以赴就是不問結果地放手一搏，甚至推著自己去做認為不能完成的事。這種積極的做事態度，給我們帶來的不僅僅是自信和意想不到的驚喜，更是無限的自我超越和突破。因此對於那些令你望而卻步卻又心有所屬的事，你需要做的就是，竭盡全力，往目標全力衝刺前進，用心靈的潛動力，抓住零遺憾的理想人生。

潛動力金鑰

要有自信，然後全力以赴，任何事情十之八九都能成功。

——**美國演員：歐文·威爾森**（Owen Wilson）

創辦人暨名譽董事長　王擎天
董事長　王寶玲
總經理　歐綾纖　　　印製者　　　紘億印刷公司
出版總監　王寶玲

法人股東 華鴻創投、華利創投、和通國際、利通創投、創意創投、中國電視、中租迪和、仁寶電腦、台北富邦銀行、台灣工業銀行、國寶人壽、東元電機、凌陽科技(創投)、力麗集團、東捷資訊

策略聯盟　采舍國際·創智行銷·凱立國際資訊·玉山銀行
凱旋資訊·知遠文化·均洋印刷·僑大圖書
交通部郵政總局·數位聯合(seednet)
全球八達網·全球線上·優碩資訊·矽緯資訊
(歡迎出版同業加入,共襄盛舉)

◆台灣出版事業群　台北縣中和市中山路2段366巷10號10樓
TEL：02-2248-7896
FAX：02-2248-7758

◆北京出版事業群　北京市東城區東直門東中街40號元嘉國際公寓A座820
TEL：86-10-64172733
FAX：86-10-64173011

◆北美出版事業群　4th Floor Harbour Centre P.O.Box613
GT George Town, Grand Cayman,
Cayman Island

◆倉儲及物流中心　台北縣中和市中山路2段366巷10號3樓
TEL：02-8245-8786
FAX：02-8245-8718

國家圖書館出版品預行編目資料

早知道，人生不用再重來 / 姚如雯著. -- 初版. -- 新北市：華文網, 2011.12

面；　公分

ISBN 978-986-271-155-2（平裝）

1.自我實現　　2.成功法

177.2　　100023352

早知道，人生不用再重來！

啟思 Cheese Group

早知道，人生不用再重來

出 版 者 ◤ 啟思出版社
作　　者 ◤ 姚如雯
品質總監 ◤ 王寶玲
總 編 輯 ◤ 歐綾纖
文字編輯 ◤ 劉汝雯
美術設計 ◤ 蔡億盈、李家宜

本書採減碳印製流程
並使用優質中性紙
（Acid & Alkali Free）
最符環保需求。

郵撥帳號 ◤50017206 采舍國際有限公司（郵撥購買，請另付一成郵資）
台灣出版中心 ◤ 新北市中和區中山路2段366巷10號10樓
電　　話 ◤（02）2248-7896　　傳　　真 ◤（02）2248-7758
I S B N ◤ 978-986-271-155-2
出版日期 ◤ 2011年12月

全球華文市場總代理 ◤ 采舍國際
地　　址 ◤ 新北市中和區中山路2段366巷10號3樓
電　　話 ◤（02）8245-8786　　傳　　真 ◤（02）8245-8718

全系列書系特約展示
新絲路網路書店
地　　址 ◤ 新北市中和區中山路2段366巷10號10樓
電　　話 ◤（02）8245-9896
網　　址 ◤www.silkbook.com

線上 pbook&ebook 總代理 ◤ 全球華文聯合出版平台
地　　址 ◤ 新北市中和區中山路2段366巷10號10樓
主題討論區 ◤www.silkbook.com/bookclub　● 新絲路讀書會
紙本書平台 ◤www.book4u.com.tw　● 華文網網路書店
電子書下載 ◤www.book4u.com.tw　● 電子書中心（Acrobat Reader）

本書係透過華文聯合出版平台自資出版印行，由《找回零遺憾的10種人生潛動力》一書改版。